qì chē dǐ pán gòu zào yǔ wéi xiū

汽车底盘构造与维修

Construction and Maintenance
of Automotive Chassis

汉英对照

zhǔ	biān	huáng chéng sōng	yān zhēn zhēn	
主	编	黄成松	鄢真真	
fù zhǔ biān		xiān lì lì	chén qióng	luó zhì qiáng
副主编		先丽莉	陈 琼	罗智强
cān	biān	liú chūn huá	huáng chéng jīn	wáng hé píng
参	编	刘春华	黄成金	王和平
		wáng yáo	táng jié	
		王 尧	唐 杰	
zhǔ	shěn	hú píng		
主	审	胡 萍		
fān	yì	xiān lì lì	zhāng yù liàng	
翻	译	先丽莉	张玉亮	

Chief Editors   Huang Chengsong   Yan Zhenzhen
Associate Editors   Xian Lili   Chen Qiong   Luo Zhiqiang
Contributors   Liu Chunhua   Huang Chengjin   Wang Heping
                    Wang Yao Tang Jie
Chief reviewer   Hu Ping
Translators   Xian Lili   Zhang Yuliang

合肥工业大学出版社
HEFEI UNIVERSITY OF TECHNOLOGY PRESS

图书在版编目（CIP）数据

汽车底盘构造与维修：汉英对照/黄成松，鄢真真主编；先丽莉，张玉亮译.--合肥:合肥工业大学出版社，2024.--ISBN 978-7-5650-6851-5

Ⅰ.U463.1；U472.41

中国国家版本馆CIP数据核字第2024DD2215号

汽车底盘构造与维修：汉英对照

QICHE DIPAN GOUZAO YU WEIXIU：HANYING DUIZHAO

黄成松　鄢真真　主编　　先丽莉　张玉亮　译

责任编辑	毕光跃　郭　敬	
出　　版	合肥工业大学出版社	
地　　址	（230009）合肥市屯溪路193号	
网　　址	press.hfut.edu.cn	
电　　话	理工图书出版中心：0551-62903204	
	营销与储运管理中心：0551-62903198	
开　　本	880毫米×1230毫米　1/32	
印　　张	7.625	
字　　数	276千字	
版　　次	2024年9月第1版	
印　　次	2024年9月第1次印刷	
印　　刷	安徽联众印刷有限公司	
发　　行	全国新华书店	
书　　号	ISBN 978-7-5650-6851-5	
定　　价	36.00元	

如果有影响阅读的印装质量问题，请与出版社营销与储运管理中心联系调换。

前言 Preface

qián yán

本教材以重庆市市级精品课程"汽车底盘构造与维修"为基础，为中英双语的"中文＋职业技能"项目教材，旨在通过"鲁班工坊"职业教育国际交流平台，服务国际产能合作和促进职业教育的国际交流与合作，满足境外人才培养新需求。

本教材注重以就业为导向，以能力为本位，面向市场和社会，体现了现代职业教育的特色。本教材根据国家职业技能等级标准、《国家职业技能标准 汽车维修工》编写而成，以职业能力培养为主线。本教材具体框架：任务目标、任务描述、任务分析、相关知识、任务实施、评价与反馈、教师评估。

本教材共分七个任务，内容包括离合器的构造与维修、变速器的构造与维修、驱动桥的构造与维修、制动系统的构造与维修、悬架的构造与维修、车轮与轮胎的构造与维修、转向系统的构造与维修。

本教材在编写过程中，认真总结多年来汽车维修专业教学经验，吸收国内外先进的教学模式和方法，紧扣中职学生的认知特点，坚持"课程思政"的全新理念，力求在传统教材的基础上实现新的育人突破。本教材具有以下主要特色。

(1) 内容新颖。本教材充分考虑科技进步和产业升级对汽车维修技术的影响，教学内容突出现代化汽车底盘维修技术，紧扣汽车行业新技术、新工艺、新方法需求，有效提升学生的综合职业能力。

(2) 课程育人。本教材积极贯彻"课程育人"建设理念和目标，注重培养学生的职业素养，提升汽车底盘维修岗位安全、规范及服务意识。全书在教材结构上体系化，在教材内容上模块化，既有系统规范的工作流程，强化严谨细致、精益求精的工匠精神，体现基于工作过程系统化

的特点;又适应当前中职学生学习行为习惯和技能掌握规律,

以项目化、任务化的内容及多元化的形式呈现所要教授的

内容,各学校在教学上可根据实际情况有所侧重。

（3）模式创新。本教材坚持"产教融合、协同育人"

的开发思路,通过与张传华国家级技能大师工作室开展校

企"双元"合作,全面融入汽车维修岗位的真实职业能力

要求,达到了汽车维修行业领域先进的技术规范水平。

本教材由长期从事中等职业学校汽车运用与维修专业

教学与汽车维修行业培训的重庆市渝北职业教育中心统一

规划组织,由教学一线骨干教师以及行业企业骨干技术人

员合作编写而成;由黄成松、鄢真真担任主编,胡萍担任

主审,先丽莉、陈琼、罗智强为副主编,刘春华、黄成金、

王和平、王尧、唐杰（重庆长安汽车股份有限公司）为参

编。本教材得到了许多专家和专业老师的大力支持与帮助,

参考和采用了相关专家的建议,在此一并表示感谢。

本教材可作为中职学校汽车运用与维修、汽车检测与维

修技术、汽车电子技术及相关专业的教学用书,也可作为

汽车底盘维修行业培训用书、汽车底盘维修人员和汽车爱好者自学参考书，还可作为汽车维修工初级、中级岗位培训的参考用书。

由于编者水平有限，加之时间仓促，书中不妥之处在所难免，恳请读者提出宝贵意见，以便再版时修订。

编　者

2024 年 1 月

前言 Preface

This textbook, based on the Chongqing Municipal-level High-quality Course "Construction and Maintenance of Automotive Chassis", is a bilingual (Chinese-English)resource for the "Chinese＋ Vocational Skills" project. It is designed to support international capacity building and enhance global collaboration in vocational education through the "Luban Workshop" platform, addressing the evolving needs of foreign talent training.

This textbook focuses on employment-oriented, ability-based education, and is geared towards the market and society, reflecting the characteristics of modern vocational education. It is compiled in accordance with the National Occupational Skill Standards and the "National Occupational Skill Standard for Auto Repairers" with the cultivation of vocational abilities as the main line. The specific framework of this textbook is task objects, task descriptions, task analysis, related knowledge, teaching tasks, evaluation and feedback, and instructor's evaluation.

This textbook is divided into seven tasks, including the

construction and maintenance of clutches, the construction and maintenance of transmissions, the construction and maintenance of drive axles, the construction and maintenance of braking systems, the construction and maintenance of suspensions, the construction and maintenance of wheels and tires, and the construction and maintenance of steering systems.

In the process of compiling this textbook, we meticulously summarized the teaching experience of auto repair professionals for many years and incorporated advanced instructional models and methods from both domestic and international sources. We closely aligned with the cognitive characteristics of vocational school students and embraced the new concept of integrating curricula with ideological and political education. We aim to, building upon the foundation of traditional textbooks, achieve a significant breakthrough in education. Our textbook has the following main features:

(1) Novel Content. This textbook fully considers the impact of scientific and technological progress and industrial upgrading on auto repair technology. The teaching content highlights the modern automotive chassis repair technology, closely follows the new technology, new processes, and new methods required by the automotive industry, and effectively improves students' comprehensive vocational ability.

(2) Course Education. This textbook actively implements the concept and goals of "curricula integrated with moral

education", pays attention to cultivating students' professional qualities, and enhances the safety, standardization, and service awareness of auto chassis repair positions. The textbook features a systematic structure and a modular content design. It encompasses a well organized and standardized work process, emphasizing a craftsmanship spirit of rigor, meticulousness, and pursuit of excellence, reflecting the systematic nature of the work process. Additionally, it caters to the current learning behaviors and skill acquisition patterns of vocational school students. The content and format of project-based and task-oriented teaching are diverse, aligning with contemporary educational needs. Schools can adapt the teaching focus according to their specific circumstances.

(3)Innovative Mode. This textbook follows the development principle of "production-education integration and collaborative education". By leveraging the "dual-system" collaboration between the school and Zhang Chuanhua's National Skill Master Studio, it fully integrates the practical vocational skills required for auto repair positions, meeting the advanced technical standards of the auto repair industry.

This textbook has been meticulously planned and organized by the Chongqing Yubei Vocational Education Center, an institution engaged in the teaching of automotive application and maintenance and automotive repair industry training in secondary vocational schools for a long time. It is co-authored by leading frontline teachers and key technical personnel from industry enterprises. The chief editors are Huang Chengsong and Yan Zhenzhen, with Hu Ping as the chief reviewer. The associate editors are Xian Lili, Chen Qiong, and Luo Zhiqiang, while Liu Chunhua, Huang Chengjin, Wang Heping, Wang Yao, and Tang Jie (Chongqing Chang'an Automobile Company Limited) are contributors. This textbook has received strong support and help from many experts and professional teachers. We have referred to and adopted the suggestions of relevant experts, and we would like to express our sincere thanks here.

This textbook can be used as a teaching book for secondary vocational schools of automotive application and maintenance, automotive testing and repair technology, automotive electronics technology, and related majors. It can also be used as a training book for the automotive chassis repair industry, a self-study reference book for automotive chassis repair personnel and automotive enthusiasts, and a reference book for the training of junior and intermediate auto repair workers.

Due to the limitations of the editors and the time constraints, there may be some improprieties in this book. We sincerely invite readers to provide valuable feedback so that we can make necessary revisions in future editions.

Editors

January 2024

目录 Contents
mù lù

任务一 TASK 1

离合器的构造与维修
Construction and Maintenance of Clutches

rèn wu mù biāo
任务目标 Task Objects

mù biāo lèi xíng 目标类型 Object types	mù biāo yāo qiú 目标要求 Contents
zhī shi mù biāo 知识目标 Knowledge object	zhǎng wò lí hé qì de zǔ chéng　lèi xíng jí gōng néng (1) 掌握离合器的组成、类型及功能； Acquire knowledge about the construction, types, and functions of a clutch； lǐ jiě lí hé qì de gōng zuò yuán lǐ (2) 理解离合器的工作原理。 Be aware of the working principle of a clutch.
jì néng mù biāo 技能目标 Practice object	néng gòu zhèng què chāi zhuāng lí hé qì (1) 能够正确拆装离合器； Have the ability to assemble and disassemble a clutch correctly； zhǎng wò bì yào de ān quán shēng chǎn zhù yì shì xiàng (2) 掌握必要的安全生产注意事项。 Keep the necessary safety precautions for production in mind.
pǐn gé mù biāo 品格目标 Competence object	péi yǎng xué shēng zì zhǔ tàn jiū de xué xí xí guàn (1) 培养学生自主探究的学习习惯； Cultivate students' habit of independent learning and exploration； péi yǎng xué shēng ān quán cāo zuò de yì shí (2) 培养学生安全操作的意识。 Develop students' awareness of safe operation.

任务描述 Task Description
rèn wu miáo shù

一辆长安轿车，行驶里程为8.8万km。该车在行驶过程中踩离合器时分离不彻底。检查维修记录发现，该车已经行驶了4万km但没有做二级维护保养。

With a mileage of 88,000 km, a sedan of Chang'an Automobile encounters incomplete clutch separation while it is running. It is shown in the maintenance log that the vehicle has already continuously running for 40,000 km without second-class maintenance.

任务分析 Task Analysis
rèn wu fēn xī

离合器常见的故障现象为"离合器打滑""离合器分离不彻底"等，其故障原因主要与离合器自由行程的大小、从动盘及压盘的磨损程度等有关。当从动盘或压盘过度磨损时，自由行程会发生改变，踩下、松开离合器踏板时，离合器就可能出现分离不彻底、打滑等现象。此时就需要对离合器进行拆装、检查，更换相应的零部件，调整自由行程等，以排除故障。

"Slipping" and "incomplete separation" are common failures of a clutch, for which the magnitude of clutch free play and the wear of the driven plate and pressure plate are the main reasons. Since the excessive wear of thedriven plate or the pressure plate will lead to the change of clutch free play, slipping, and incomplete separation will happen in the clutch when we press and release the clutch pedal. In this case, it is necessary to disassemble and check the clutch in order to replace its corresponding parts and adjust its free play for the purpose of troubleshooting.

相关知识 Relevant Knowledge
xiāng guān zhī shi

一、离合器的组成及类型
lí hé qì de zǔ chéng jí lèi xíng

Construction and types of clutch

（一）离合器的组成 Construction of clutch
lí hé qì de zǔ chéng

离合器主要由主动部分、从动部分、压紧机构、操纵机构四部分组成。
lí hé qì zhǔ yào yóu zhǔ dòng bù fen　　cóng dòng bù fen　　yā jǐn jī gòu　　cāo zòng jī gòu sì bù fen zǔ chéng

A clutch mainly consists of a driving section, a driven section, a pressure mechanism, and a clutch activation mechanism.

（二）离合器的类型 Types of Clutch
lí hé qì de lèi xíng

（1）按从动盘数目，离合器可分为单片式、双片式、多片式。
àn cóng dòng pán shù mù　　lí hé qì kě fēn wéi dān piàn shì　　shuāng piàn shì　　duō piàn shì

中型以下货车及轿车的发动机最大转矩一般都不太大，故采用一个从动盘，即单片式；中型以上的货车需要传递
zhōng xíng yǐ xià huò chē jí jiào chē de fā dòng jī zuì dà zhuàn jǔ yī bān dōu bù tài dà　　gù cǎi yòng yī gè cóng dòng pán　　jí dān piàn shì　　zhōng xíng yǐ shàng de huò chē xū yào chuán dì

de zhuàn jǔ jiào dà　　　xū cǎi yòng liǎng gè cóng dòng pán　　　jí shuāng piàn shì　　ér duō piàn shì yīn
的转矩较大，需采用两个从动盘，即双片式；而多片式因

zhóu xiàng chǐ cùn jiào dà　　　gù qì chē shang hěn shǎo cǎi yòng
轴向尺寸较大，故汽车上很少采用。

àn yā jǐn tán huáng de xíng shì　　　lí hé qì kě fēn wéi mó piàn tán huáng shì hé
（2）按压紧弹簧的形式，离合器可分为膜片弹簧式和

luó xuán tán huáng shì
螺旋弹簧式。

mù qián jiào chē shang guǎng fàn cǎi yòng mó piàn tán huáng shì lí hé qì　　　luó xuán tán huáng
目前轿车上广泛采用膜片弹簧式离合器。螺旋弹簧

shì gēn jù tán huáng zài yā pán shang de bù zhì fēn wéi zhōu bù tán huáng shì hé zhōng yāng tán
式根据弹簧在压盘上的布置分为周布弹簧式和中央弹

huáng shì
簧式。

（1）Based on the number of driven plates, a clutch can be divided into three types: single-plate clutch, twin-plate clutch, and multi-plate clutch.

One driven plate is used in the clutches of medium-sized trucks and passenger cars because their engines have relatively small maximum torque. Such a clutch is what we call the single-plate clutch. As for trucks larger than medium size, twin-plate clutches are adopted due to the large torque of their engines, meaning that two driven plates are used in their clutches. However, since the multi-plate clutch has a large longitudinal dimension, it is rarely used in automobiles.

（2）Based on the types of pressure springs, a clutch can be divided into two types: diaphragm spring clutch and spring-loaded clutch.

The diaphragm spring clutch is widely adopted for a sedan. The spring-loaded clutch can be categorized into two types: multi-coil spring clutch and central spring clutch, according to the spring arrangement on the pressure disc.

二、离合器的功能 Function of clutch

离合器安装在发动机与变速器之间。驾驶人可根据行驶需要控制离合器的接合和分离，从而连接或切断发动机与驱动轮之间的动力传递。

A clutch is installed between an engine and a transmission. A driver can control the engagement and disengagement of the clutch as needed, so as to connect and disconnect the power transmission between the engine and the driving wheels.

（一）保证汽车平稳起步 Assurance of Smooth Start

汽车起步之前，驾驶人先踩下离合器踏板，将离合器分离，使发动机和传动系统脱开，再将变速器挂上挡，然后逐渐松开离合器踏板，使离合器逐渐接合。在接合过程中，发动机所受阻力矩逐渐增大，故应同时逐渐踩下加速踏板，即逐步增加对发动机的燃料供给量，使发动机的转速始终保持在最低稳定转速上，而不致熄火。同时，由于离合器的接合紧密程度逐渐增大，发动机经传动系统传给驱动车轮的转矩便逐渐增加，到牵引力足以克服起步阻力时，汽车即从静止开始运动并逐步加速。

Before starting an automobile, a driver shall press the clutch pedal to separate the clutch in order to disconnect the engine from the transmission system. Then the driver shall shift the gearbox into the desired gear and slowly release the pedal for gradual engagement of the clutch. During the engagement, the gradual increase of resistance torque of the engine shall be accompanied by the gradual press of the gas pedal, so as not to kill the engine by gradually increasing the amount of fuel supplied to keep the engine running at its lowest stable speed. Meanwhile, with the clutch engagement tightness gradually increasing, the torque of the engine transmitted by the transmission system to the driving wheels increases. As the required traction is able to overcome the starting resistance, the vehicle begins to move from a standstill and gradually gains its speed.

shí xiàn píng wěn huàn dǎng
（二）实现平稳换挡 Smooth Shifting

qì chē zài xíng shǐ guò chéng zhōng　　wèi shì yìng bù duàn biàn huà de xíng shǐ tiáo jiàn　　xū
汽车在行驶过程中，为适应不断变化的行驶条件，需
yào pín fán de huàn dǎng　　huàn dǎng qián bì xū cǎi xià lí hé qì tà bǎn　　zhōng duàn dòng lì chuán
要频繁地换挡。换挡前必须踩下离合器踏板，中断动力传
dòng　　biàn yú shǐ yuán dǎng wèi de niè hé fù tuō kāi　　tóng shí shǐ xīn dǎng wèi niè hé fù de
动，便于使原挡位的啮合副脱开，同时使新挡位啮合副的
niè hé bù wèi de sù dù zhú bù qū xiàng tóng bù　　jiǎn xiǎo chǐ lún niè hé shí de chōng jī
啮合部位的速度逐步趋向同步，减小齿轮啮合时的冲击，
bǎo hù chǐ lún　　shí xiàn píng wěn huàn dǎng
保护齿轮，实现平稳换挡。

It is necessary to change gears often to accommodate changing conditions while driving. The clutch pedal shall be pressed to interrupt power transmission before shifting, which enables the disengagement of the meshing pair of the last gear and gradually, at the same time, synchronizes the speed of the engagement area of the new meshing pair. By doing so, the impact from the gear engagement can be reduced to protect the gears and therefore the smooth shifting can be realized.

（三）防止传动系统过载

fáng zhǐ chuán dòng xì tǒng guò zài

Prevention of Transmission System Overload

当汽车被紧急制动或受到地面很大冲击力时，若没有离合器，则发动机将因与传动系统刚性连接而急剧降低转速，因而其中所有运动件将产生很大的惯性力矩（其数值可能大大超过发动机正常工作时所发出的最大转矩），对传动系统造成超过其承载能力的载荷，而使机件损坏。有了离合器，汽车便可以依靠其主动部分和从动部分之间产生的相对运动而起到一定的缓冲作用，以消除这一危险。因此，需要离合器来限制传动系统所承受的最大转矩，以保护零件不受损坏。

When an automobile is subjected to emergency braking or a strong impact from the ground, without a clutch, the engine speed will drop sharply due to its rigid connection with the transmission system. Consequently, all moving parts will generate significant inertia torques whose values may far exceed the maximum torque produced during normal engine operation, causing loads that exceed the bearing capacity of the transmission system and potentially damaging its mechanical parts. With a clutch, a certain buffering effect can be achieved by the relative motion between its driving and driven sections, eliminating this risk. Therefore, a clutch is needed to limit the maximum torque borne by the transmission system and protect its parts from damage.

三、膜片弹簧式离合器的结构及工作原理

mó piàn tán huáng shì lí hé qì de jié gòu jí gōng zuò yuán lǐ

Construction and working principle of diaphragm spring clutch

（一）膜片弹簧式离合器的结构

mó piàn tán huáng shì lí hé qì de jié gòu

Construction of diaphragm spring clutch

膜片弹簧式离合器的结构如图1-1所示。

mó piàn tán huáng shì lí hé qì de jié gòu rú tú suǒ shì

Construction of a diaphragm spring clutch is shown in Fig. 1-1.

1. 主动部分 Driving section

zhǔ dòng bù fen

主动部分主要由飞轮、压盘及离合器盖总成组成。无论
离合器处于接合状态还是分离状态，主动部分均随发动机
一起旋转。

离合器盖用螺栓固定在发动机飞轮上，压盘与离合器盖
间通过周向分布的传动片连接。膜片弹簧式离合器压盘总
成如图1-2所示。传动片一端用铆钉与离合器盖铆接，另一
端用螺栓与压盘连接。

The driving section primarily consists of the flywheel, pressure plate, and clutch cover assembly. The driving section maintains continuous rotation in sync with the engine, regardless of the clutch's engagement state.

The clutch cover is bolted to the engine flywheel, and the pressure

plate is connected to the clutch cover through circumferentially distributed driving straps. Pressure plate assembly of a diaphragm spring clutch is shown in Fig. 1-2. One end of the driving strap is riveted to the clutch cover, and the other end is bolted to the pressure plate.

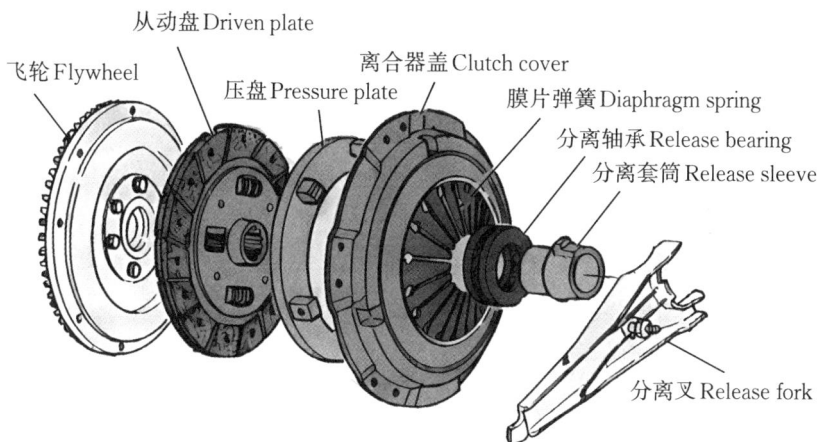

从动盘Driven plate
离合器盖Clutch cover
飞轮Flywheel
压盘Pressure plate
膜片弹簧Diaphragm spring
分离轴承Release bearing
分离套筒Release sleeve
分离叉Release fork

tú   mó piàn tán huáng shì lí hé qì de jié gòu
图1-1　膜片弹簧式离合器的结构

Fig. 1-1　Construction of a diaphragm spring clutch

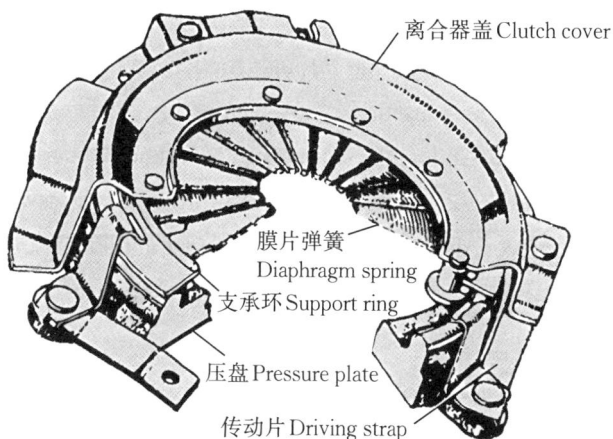

离合器盖Clutch cover
膜片弹簧 Diaphragm spring
支承环Support ring
压盘Pressure plate
传动片Driving strap

tú   mó piàn tán huáng shì lí hé qì yā pán zǒng chéng
图1-2　膜片弹簧式离合器压盘总成

Fig. 1-2　Pressure plate assembly of a diaphragm spring clutch

2. 从动部分 Driven section

从动部分主要是从动盘。从动盘位于飞轮与压盘之间，从动盘毂通过花键与变速器输入轴配合，并可沿轴做轴向移动，从动盘的两个摩擦面通过摩擦传递发动机转矩。当离合器踏板未被踩下时，压盘将从动盘压紧在飞轮上，在摩擦作用下，从动盘随飞轮一起转动，将发动机动力输入至变速器；当踩下离合器踏板时，摩擦作用消失，切断了发动机的动力传递。

The main part of the driven section is the driven plate. The driven plate is positioned between the flywheel and the pressure plate. The driven plate hub is connected to the transmission input shaft via splines and can move axially along the shaft. The two friction surfaces of the driven plate transmit engine torque through friction. When the clutch pedal remains unpressed, the pressure plate clamps the driven plate firmly against the flywheel. Under the influence of friction, the driven plate rotates in sync with the flywheel, transmitting engine power to the transmission. However, depressing the clutch pedal eliminates the frictional engagement, effectively severing the power transfer from the engine.

3. 压紧机构 Pressure mechanism

压紧机构主要是膜片弹簧（图1-3）。

膜片弹簧由优质薄弹簧钢板冲压而成，不受力时自由

xíng zhuàng wéi zhuī xíng　lèi sì yī gè dié zi　qí zhōng xīn bù fen yǒu xǔ duō jìng xiàng qiē kǒu
形状为锥形，类似一个碟子。其中心部分有许多径向切口，

xíng chéng tán xìng gàng gǎn　mó piàn tán huáng liǎng cè yǒu gāng sī zhī chéng huán　jiè mǎo dīng jiāng qí
形成弹性杠杆。膜片弹簧两侧有钢丝支承环，借铆钉将其

ān zhuāng zài lí hé qì gài shang　dāng lí hé qì gài wèi gù dìng dào fēi lún shang shí　tā yǔ
安装在离合器盖上。当离合器盖未固定到飞轮上时，它与

fēi lún jiān yǒu yī gè jù lí　mó piàn tán huáng bù shòu lì chù yú zì yóu zhuàng tài　dāng
飞轮间有一个距离，膜片弹簧不受力，处于自由状态。当

lí hé qì gài yòng luó shuān gù dìng yú fēi lún shang shí　cóng dòng pán yǔ yā pán pò shǐ mó piàn
离合器盖用螺栓固定于飞轮上时，从动盘与压盘迫使膜片

tán huáng yǐ yòu cè zhī chéng huán wéi zhī diǎn fā shēng tán xìng biàn xíng　shǐ mó piàn tán huáng wài duān
弹簧以右侧支承环为支点发生弹性变形，使膜片弹簧外端

duì yā pán yǔ chuán dòng piàn chǎn shēng yā jǐn lì　shǐ lí hé qì jiē hé　mó piàn tán huáng jì
对压盘与传动片产生压紧力，使离合器接合。膜片弹簧既

qǐ yā jǐn tán huáng de zuò yòng　yòu qǐ fēn lí gàng gǎn de zuò yòng
起压紧弹簧的作用，又起分离杠杆的作用。

The clamping mechanism primarily consists of a diaphragm spring (Fig. 1-3).

The diaphragm spring, stamped from high-quality thin spring steel sheets, exhibits a conical free shape when not under load, resembling a dish. Its central region features numerous radial slits that form elastic levers. Wire support rings are positioned on both sides of the diaphragm spring, and it is secured to the clutch cover using rivets. When the clutch cover is not fastened to the flywheel, a gap exists between them, leaving the diaphragm spring unstressed and in its free state. Upon securing the clutch cover to the flywheel with bolts, the driven plate

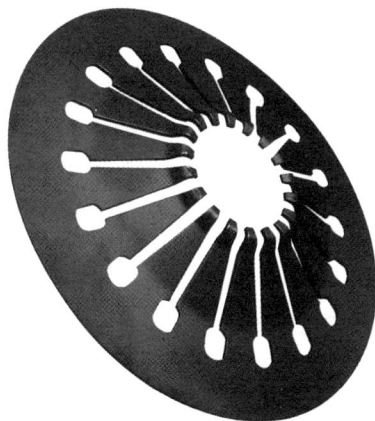

tú　　　　mó piàn tán huáng
图1-3　膜片弹簧

Fig. 1-3　Diaphragm spring

and pressure plate force the diaphragm spring to deform elastically, taking the right-side support ring as the pivot. This deformation generates a clamping force from the outer edge of the diaphragm spring onto the pressure plate and friction plate, engaging the clutch. The diaphragm spring thus serves both as a clamping spring and a release lever.

cāo zòng jī gòu
4. 操纵机构 Clutch activation mechanism

操纵机构是供驾驶人控制离合器分离与接合的一套专设机构。它由分离杠杆（膜片弹簧）、分离轴承、分离套筒、分离叉、复位弹簧等机件组成的分离机构和位于离合器壳外的离合器踏板及传动机构、助力机构等组成。在大多数离合器中都设有分离叉机构。分离叉一般支承在离合器壳上，分离叉臂通过传动机构与离合器踏板相连。在分离离合器时，分离叉拨动分离套筒使之沿离合器轴线移动，使分离套筒压向膜片弹簧内端。由于分离套筒是不转动的，而膜片弹簧内端却是随离合器的主动部分转动的，因此在分离套筒上设置有推力式或径向推力式分离轴承。分离杠杆绕离合器盖上的支点转动，带动压盘后移，使离合器分离。

The clutch activation mechanism is a dedicated mechanism that empowers drivers to control clutch disengagement and engagement. It include the release lever (diaphragm spring), release bearing, release sleeve, release fork, return spring, and other mechanisms forming the release mechanism proper. Additionally, it encompasses the clutch pedal and transmission mechanism, as well as power assistance mechanisms, all positioned outside the clutch housing. Most clutches incorporate a release mechanism. The release mechanism is typically supported by the clutch housing, and the release arm is linked to the clutch pedal via the transmission mechanism. When disengaging the clutch, the release fork actuates the release sleeve, causing it to move along the clutch axis and press against the inner end of the diaphragm spring. Since the release sleeve remains stationary, while the inner end of the diaphragm spring rotates with the driving section of the clutch, a thrust or radial thrust release bearing is employed on the release sleeve. Pivoting around a pivot point on the clutch cover, the release lever drives the pressure plate backward, disengaging the clutch.

mó piàn tán huáng shì   lí hé qì   de gōng zuò yuán lǐ
（二）膜片弹簧式离合器的工作原理

Working principle of the diaphragm spring clutch

mó piàn tán huáng shì lí hé qì de gōng zuò guò chéng rú tú   suǒ shì
膜片弹簧式离合器的工作过程如图1-4所示。

zài jiē hé guò chéng zhōng   zhú jiàn sōng kāi lí hé qì tà bǎn   yā pán zài mó piàn tán
在接合过程中，逐渐松开离合器踏板，压盘在膜片弹

huáng tán xìng lì de zuò yòng xià xiàng qián yí dòng   xiāo chú zì yóu jiàn xì   bìng zài yā pán
簧弹性力的作用下向前移动，消除自由间隙，并在压盘、

cóng dòng pán hé fēi lún gōng zuò biǎo miàn shang zuò yòng zú gòu de yā jǐn lì   zhī hòu fēn lí zhóu
从动盘和飞轮工作表面上作用足够的压紧力；之后分离轴

chéng zài fù wèi tán huáng de zuò yòng xià xiàng hòu yí dòng   chǎn shēng zì yóu jiàn xì   lí hé qì
承在复位弹簧的作用下向后移动，产生自由间隙，离合器

jiē hé   qí jiē hé zhuàng tài rú tú   suǒ shì
接合，其接合状态如图1-4（b）所示。

zài fēn lí guò chéng zhōng   cǎi xià lí hé qì tà bǎn   zài zì yóu xíng chéng nèi shǒu xiān
在分离过程中，踩下离合器踏板，在自由行程内首先

xiāo chú zì yóu jiàn xì   rán hòu zài gōng zuò xíng chéng nèi chǎn shēng fēn lí jiàn xì   lí hé qì
消除自由间隙，然后在工作行程内产生分离间隙，离合器

fēn lí　　qí fēn lí zhuàng tài rú tú　　　　　　suǒ shì
分离，其分离状态如图1-4（c）所示。

Working process of the diaphragm spring clutch is illustrated in Figure 1-4.

As the clutch pedal is gradually released in the engagement process, the pressure plate moves forward under the elastic force of the diaphragm spring, eliminating the clearance gap. It then applies sufficient clamping force to the working surfaces of the pressure plate, driven plate, and flywheel. Subsequently, the release bearing moves backward under the action of the return spring, creating a clearance gap, and the clutch engages. Engaged state of the clutch is shown in Figure 1-4(b).

During the disengagement process, depressing the clutch pedal first eliminates the clearance gap within the free play. Subsequently, within the working travel range, a separation gap is generated, leading to clutch disengagement. Disengaged state is illustrated in Figure 1-4(c).

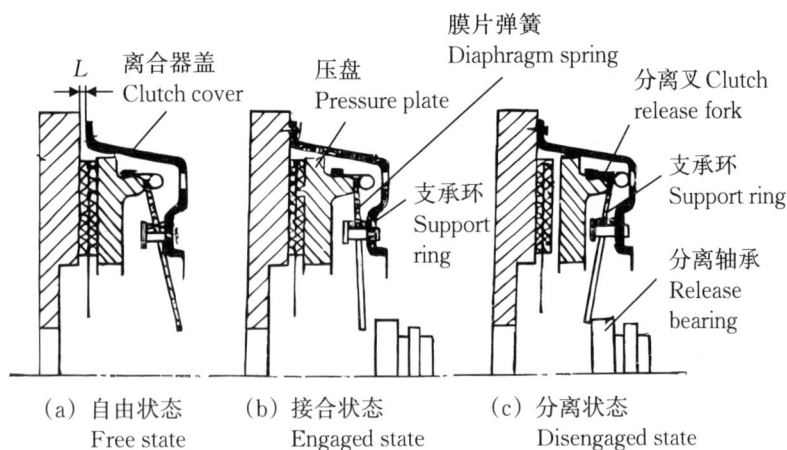

(a) 自由状态　　　(b) 接合状态　　　　(c) 分离状态
Free state　　　　Engaged state　　　　Disengaged state

tú　　　　　mó piàn tán huáng shì lí hé qì de gōng zuò guò chéng
图1-4　膜片弹簧式离合器的工作过程

Fig. 1-4　Working process of the diaphragm spring clutch

四、螺旋弹簧式离合器的结构及工作原理
luó xuán tán huáng shì lí hé qì de jié gòu jí gōng zuò yuán lǐ

Construction and working principle of spring-loaded clutch

（一）周布弹簧式离合器的结构及工作原理
zhōu bù tán huáng shì lí hé qì de jié gòu jí gōng zuò yuán lǐ

Construction and working principle of a Belleville spring clutch

周布弹簧式离合器的结构如图1-5所示。飞轮和压盘是主动部分；在飞轮与压盘之间装有一个带扭转减振器的从动盘，是从动部分；压紧机构是呈周向布置的螺旋弹簧。离合器盖通过由薄钢片制成的传动片与压盘相连，起传动作用，使压盘与飞轮一起旋转。

离合器的操纵机构（图1-6）主要由离合器踏板、分离轴承、分离套筒、分离叉和若干根沿圆周均匀布置的分离杠杆等组成。

分离轴承用来消除旋转的分离杠杆与不旋转的分离套筒制件之间存在的直接摩擦。分离叉两端轴颈从离合器壳的孔中穿过。在复位弹簧的作用下，分离套筒两侧凸台平面抵靠在分离叉两分离指上。当离合器踏板上的作用力经传动机构传到分离叉上时，逆时针转动的分离指推动分离套

tǒng hé fēn lí zhóu chéng xiàng zuǒ yí dòng　　jiāng fēn lí gàng gǎn nèi cè yā xiàng zuǒ biān　　fēn lí
筒和分离轴承向左移动，将分离杠杆内侧压向左边，分离

gàng gǎn rào zhī chēng xiāo xuán zhuǎn　　dài dòng fēn lí gàng gǎn wài duān xiàng yòu yí dòng　　cóng ér tuī
杠杆绕支撑销旋转，带动分离杠杆外端向右移动，从而推

dòng yā pán yòu yí　　jiě chú cóng dòng pán mó cā piàn shang de yā lì　　shǐ mó cā zuò yòng xiāo
动压盘右移，解除从动盘摩擦片上的压力，使摩擦作用消

shī　　lí hé qì zhuǎn wéi fēn lí zhuàng tài
失，离合器转为分离状态。

Construction of a Belleville spring clutch is shown in Fig. 1-5. The flywheel and pressure plate constitute the driving section; while the driven plate, equipped with a torsion damper, is situated between the flywheel and pressure plate and forms the driven section. The pressure mechanism comprises a circumferentially arranged helical spring. The clutch cover connects to the pressure plate via thin steel driving straps, facilitating power transfer and enabling the pressure plate to rotate in unison with the flywheel.

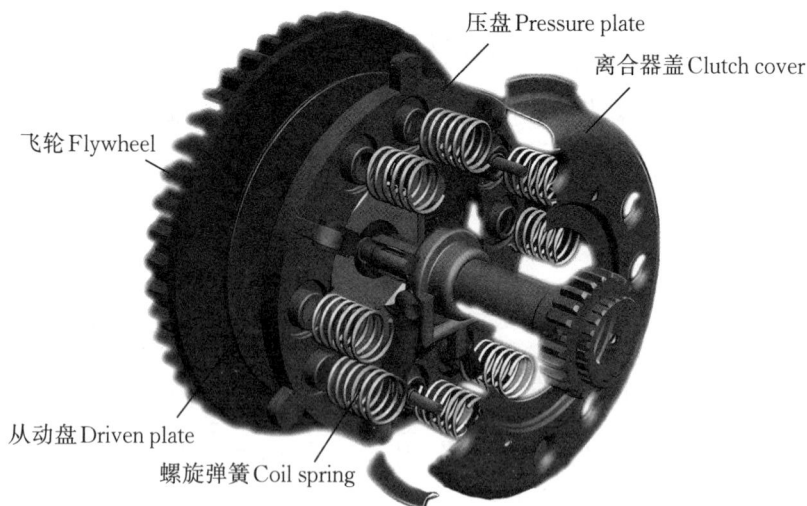

压盘 Pressure plate

离合器盖 Clutch cover

飞轮 Flywheel

从动盘 Driven plate

螺旋弹簧 Coil spring

tú　　　　　zhōu bù tán huáng shì lí hé qì de jié gòu
图1-5　周布弹簧式离合器的结构

Fig. 1-5　Construction of a Belleville spring clutch

The clutch operating mechanism（Fig. 1-6）consists primarily of the clutch pedal, release bearing, release sleeve, release fork, and several release levers uniformly arranged around the circumference.

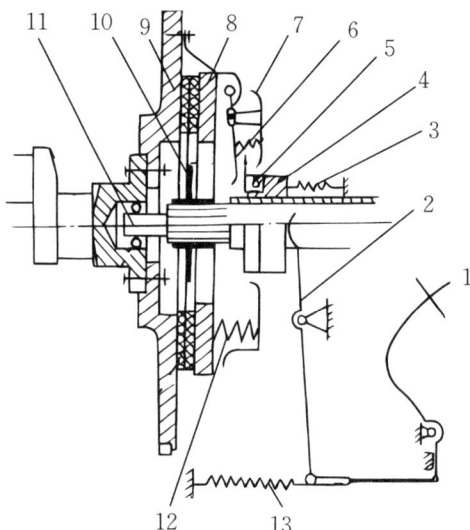

1—离合器踏板； 2—分离叉；   3、13—复位弹簧；4—分离套筒；

1—clutch pedal； 2—release fork； 3, 13—return springs；4—release sleeve；

5—分离轴承； 6—分离杠杆； 7—离合器盖； 8—压盘；

5—release bearing； 6—release lever； 7—clutch cover； 8—pressure plate；

9—飞轮；   10—从动盘；   11—变速器输入轴；   12—压紧弹簧。

9—flywheel；10—driven plate；11—transmission input shaft；12—pressure spring.

图1-6 离合器的操纵机构
Fig. 1-6 The clutch operating mechanism

The release bearing serves to eliminate direct friction between the rotating release levers and the non-rotating release sleeve assembly. The two end journals of the release fork extend through holes in the clutch housing. Under the action of the return springs, the two raised flats on the sides of the release sleeve press against the two separation fingers. When the force applied to the clutch pedal is transmitted through the transmission mechanism to the release fork, the counterclockwise rotation of the separation fingers pushes the release sleeve and release bearing to the left. This action presses the inner side of the release levers towards the left, causing them to pivot around their pivot pins. The rotation of the release levers moves their outer ends to the right, thereby pushing the pressure plate to the right. This disengages the pressure from the friction disc on the driven plate, eliminating the frictional force and putting the clutch in a disengaged state.

（二）中央弹簧式离合器的结构及工作原理

Construction and working principle of a central spring clutch

中央弹簧式离合器的结构如图1-7所示，它只有一个张力较强的压紧弹簧布置于离合器的中央。压紧弹簧有圆柱形和圆锥形。由于圆锥形弹簧的轴向尺寸小，可以缩短离合器的轴向尺寸，因此圆锥形弹簧较圆柱形弹簧用得多。

中央弹簧式离合器工作原理如下：离合器盖与发动机飞轮用螺栓固定在一起，当中央弹簧被预压紧，离合器处于接合位置时，中央弹簧一端对压盘的压紧力使得压盘与从动摩擦片之间产生摩擦力。离合器盖总成随飞轮转动时通过摩擦片上的摩擦转矩带动从动盘总成和变速器一起转动，

yǐ chuán dì gěi fā dòng jī dòng lì
以传递给发动机动力。

　　dāng yào fēn lí lí hé qì shí　　cǎi xià lí hé qì tà bǎn　　tōng guò cāo zòng jī gòu
　　当要分离离合器时，踩下离合器踏板，通过操纵机构，

shǐ fēn lí zhóu chéng zǒng chéng qián yí tuī dòng zhōng yāng tán huáng lí kāi yā pán　　yā pán zài chuán dòng
使分离轴承总成前移推动中央弹簧离开压盘，压盘在传动

piàn de tán lì zuò yòng xià　lí kāi mó cā piàn　　shǐ cóng dòng pán zǒng chéng chǔ yú fēn lí wèi zhì
片的弹力作用下离开摩擦片，使从动盘总成处于分离位置，

qiē duàn fā dòng jī dòng lì de chuán dì
切断发动机动力的传递。

Construction of a central spring clutch is shown in Fig. 1-7. It has only one strong pressure spring arranged in the center of the clutch. Pressure springs can be either cylindrical or conical in shape. Conical springs are more commonly used than cylindrical springs due to their smaller axial dimension, which allows for a shorter clutch axial dimension.

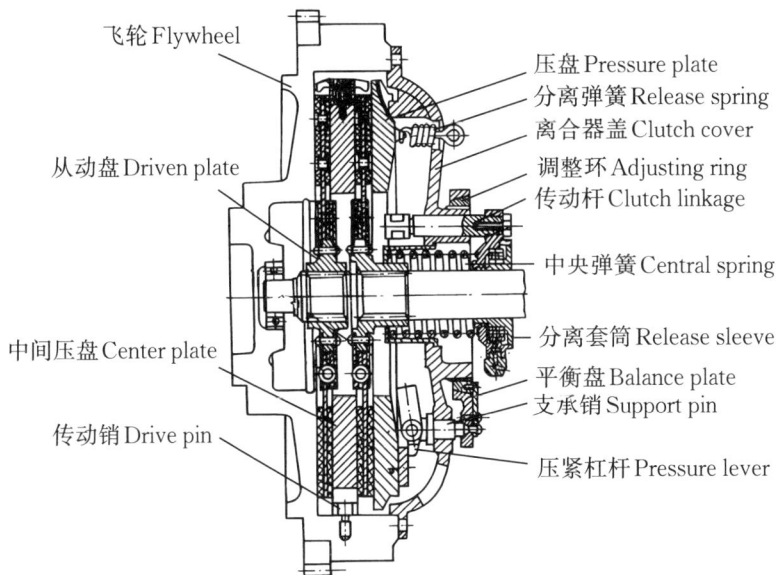

tú　　　　　　　　zhōng yāng tán huáng shì lí hé qì de jié gòu
图1-7　中央弹簧式离合器的结构
Fig. 1-7　Construction of a central spring clutch

The central spring clutch operates as follows: The clutch cover is bolted to the engine flywheel. When the central spring is pre-compressed, and the clutch is in an engaged position, the clamping force exerted by one end of the central spring on the pressure plate generates friction between the pressure plate and the driven friction disc. As the clutch cover assembly rotates with the flywheel, the friction torque on the friction disc drives the driven plate assembly and transmission, transmitting engine power.

To disengage the clutch, the clutch pedal is depressed. The clutch activation mechanism moves the release bearing assembly forward, pushing the central spring away from the pressure plate. The pressure plate, under the influence of the transmission disc's springs, moves away from the friction disc, putting the driven plate assembly in a disengaged position, and interrupting the transmission of engine power.

五、离合器的操纵机构

Clutch activation mechanism

（一）机械式操纵机构 Mechanical activation mechanism

机械式操纵机构被广泛应用于中型、轻型以下各类汽车上，某些轿车也采用机械式操纵机构。它又分为杆式传动和绳索式传动两种。

杆式传动操纵机构（图1-8）是由一组杆系组成的，由踏板、拉杆及其调节叉、分离轴承及复位弹簧等组成。其结构简单，工作可靠，但由于杆式传动中杆件铰接多，摩擦损失大，车架或车身变形及发动机移位时会影响其正常工作。

绳索式传动操纵机构（图1-9）可以克服杆式传动的一些缺点，并能采用便于驾驶人操纵的吊挂式踏板，但是操纵绳索寿命较短，拉伸刚度较小，故只适用于轻型和微型汽车。

The mechanical activation mechanism is widely used in medium and light vehicles below, and some passenger cars also use such mechanical linkage. It is further divided into two types: rod linkage and cable linkage.

Rod linkage (Fig. 1-8) is a system composed of a set of rods, including the pedal, pull rod and its adjustment mechanism, release bearing, and return spring. Its structure is simple and reliable, but due to the multiple hinge joints in the rod linkage, there is significant friction loss, and the normal operation can be affected by deformation of the chassis or body and engine displacement.

Cable linkage (Fig. 1-9) can overcome some of the shortcomings of rod linkage and can also use a hanging pedal that is easier for the driver to operate. However, the cables have a shorter lifespan and lower tensile stiffness, so they are only suitable for light and micro cars.

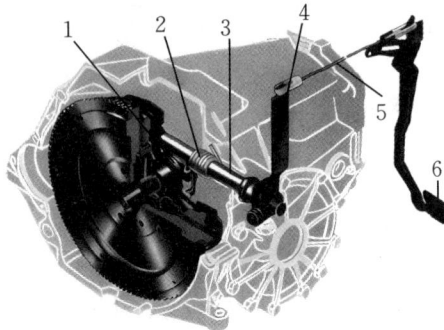

1—分离轴承; 2—复位弹簧; 3—分离轴; 4—传动臂;
1—release bearing; 2—return spring; 3—release shaft; 4—transmission arm;

5—拉杆; 6—踏板。5—pull rod; 6—pedal.

图1-8 杆式传动操纵机构
Fig. 1-8 Rod linkage

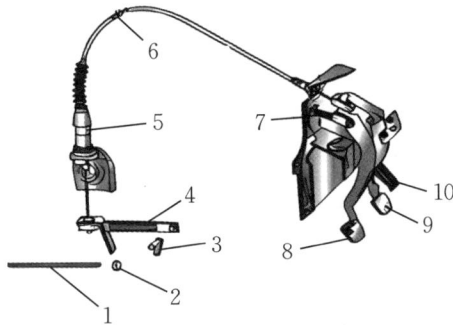

1—离合器分离推杆; 2—分离轴承; 3—分离臂; 4—离合器操纵臂;
1—clutch release rod; 2—release bearing; 3—release arm; 4—clutch operating arm;

5—绳索自动调整装置; 6—绳索总成; 7—弹簧; 8—离合器踏板;
5—cable self-adjusting device; 6—cable assembly; 7—spring; 8—clutch pedal;

9—制动踏板; 10—加速踏板。9—brake pedal; 10—accelerator pedal.

图1-9 绳索式传动操纵机构
Fig. 1-9 Cable linkage

（二）液压式操纵机构 Hydraulic linkage

yè yā shì cāo zòng jī gòu

液压式操纵机构（图1-10）主要由主缸、工作缸及管
路系统组成。

Hydraulic linkage（Fig. 1-10）is primarily composed of a master cylinder, a slave cylinder, and a hydraulic line system.

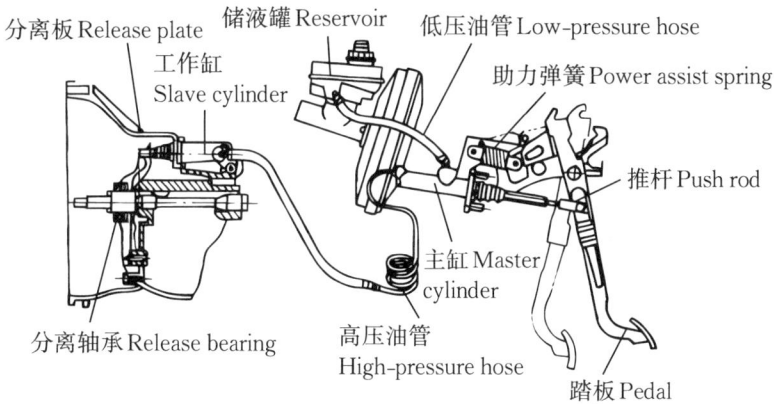

分离板 Release plate　储液罐 Reservoir　低压油管 Low-pressure hose
工作缸 Slave cylinder
助力弹簧 Power assist spring
推杆 Push rod
主缸 Master cylinder
分离轴承 Release bearing　高压油管 High-pressure hose
踏板 Pedal

图1-10　液压式操纵机构

Fig. 1-10　Hydraulic linkage

液压式操纵机构具有摩擦阻力小、传动效率高、质量
小、接合柔和、布置方便等优点。尤其是需要远距离操纵
时，与机械式操纵机构相比，其具有更突出的优越性。

离合器主缸结构如图1-11所示。主缸上部是储液室，
主缸体通过补偿孔和进油孔与储液室相通，主缸内装有活
塞，活塞中部较细，使活塞右边的主缸内腔形成环形油室。

<ruby>活<rt>huó</rt></ruby><ruby>塞<rt>sāi</rt></ruby><ruby>两<rt>liǎng</rt></ruby><ruby>端<rt>duān</rt></ruby><ruby>装<rt>zhuāng</rt></ruby><ruby>有<rt>yǒu</rt></ruby><ruby>密<rt>mì</rt></ruby><ruby>封<rt>fēng</rt></ruby><ruby>圈<rt>quān</rt></ruby><ruby>与<rt>yǔ</rt></ruby><ruby>皮<rt>pí</rt></ruby><ruby>碗<rt>wǎn</rt></ruby>。<ruby>活<rt>huó</rt></ruby><ruby>塞<rt>sāi</rt></ruby><ruby>顶<rt>dǐng</rt></ruby><ruby>有<rt>yǒu</rt></ruby><ruby>沿<rt>yán</rt></ruby><ruby>圆<rt>yuán</rt></ruby><ruby>周<rt>zhōu</rt></ruby><ruby>分<rt>fēn</rt></ruby><ruby>布<rt>bù</rt></ruby><ruby>的<rt>de</rt></ruby><ruby>小<rt>xiǎo</rt></ruby><ruby>孔<rt>kǒng</rt></ruby>，

<ruby>活<rt>huó</rt></ruby><ruby>塞<rt>sāi</rt></ruby><ruby>复<rt>fù</rt></ruby><ruby>位<rt>wèi</rt></ruby><ruby>弹<rt>tán</rt></ruby><ruby>簧<rt>huáng</rt></ruby><ruby>将<rt>jiāng</rt></ruby><ruby>皮<rt>pí</rt></ruby><ruby>碗<rt>wǎn</rt></ruby>、<ruby>弹<rt>tán</rt></ruby><ruby>簧<rt>huáng</rt></ruby><ruby>片<rt>piàn</rt></ruby><ruby>压<rt>yā</rt></ruby><ruby>向<rt>xiàng</rt></ruby><ruby>活<rt>huó</rt></ruby><ruby>塞<rt>sāi</rt></ruby>，<ruby>盖<rt>gài</rt></ruby><ruby>住<rt>zhù</rt></ruby><ruby>小<rt>xiǎo</rt></ruby><ruby>孔<rt>kǒng</rt></ruby>，<ruby>形<rt>xíng</rt></ruby><ruby>成<rt>chéng</rt></ruby>

<ruby>单<rt>dān</rt></ruby><ruby>向<rt>xiàng</rt></ruby><ruby>阀<rt>fá</rt></ruby>，<ruby>并<rt>bìng</rt></ruby><ruby>把<rt>bǎ</rt></ruby><ruby>活<rt>huó</rt></ruby><ruby>塞<rt>sāi</rt></ruby><ruby>推<rt>tuī</rt></ruby><ruby>向<rt>xiàng</rt></ruby><ruby>最<rt>zuì</rt></ruby><ruby>右<rt>yòu</rt></ruby><ruby>边<rt>bian</rt></ruby><ruby>位<rt>wèi</rt></ruby><ruby>置<rt>zhì</rt></ruby>，<ruby>使<rt>shǐ</rt></ruby><ruby>皮<rt>pí</rt></ruby><ruby>碗<rt>wǎn</rt></ruby><ruby>位<rt>wèi</rt></ruby><ruby>于<rt>yú</rt></ruby><ruby>补<rt>bǔ</rt></ruby><ruby>偿<rt>cháng</rt></ruby><ruby>孔<rt>kǒng</rt></ruby><ruby>与<rt>yǔ</rt></ruby>

<ruby>进<rt>jìn</rt></ruby><ruby>油<rt>yóu</rt></ruby><ruby>孔<rt>kǒng</rt></ruby><ruby>之<rt>zhī</rt></ruby><ruby>间<rt>jiān</rt></ruby>，<ruby>两<rt>liǎng</rt></ruby><ruby>孔<rt>kǒng</rt></ruby><ruby>都<rt>dōu</rt></ruby><ruby>开<rt>kāi</rt></ruby><ruby>放<rt>fàng</rt></ruby>。

It offers several advantages, including low friction resistance, high transmission efficiency, lightweight construction, smooth engagement, and convenient arrangement. Particularly when remote operation is required, hydraulic linkage stands out compared to mechanical linkage systems.

Construction of the clutch master cylinder is illustrated in Figure 1-11. The upper part of the master cylinder is the reservoir, which is connected to the cylinder body through a compensation hole and an inlet port. A piston is housed inside the cylinder body, with a thinner middle section that creates an annular oil chamber on the right side. Sealing rings and leather cups are fitted at both ends of the piston. Small holes are distributed around the circumference of the piston top. The piston return spring presses the leather cup and spring plate against the piston, covering the holes and forming a one-way valve, while pushing the piston to the extreme right position, placing the leather cup between the compensation hole and the inlet port, keeping both ports open.

<ruby>离<rt>lí</rt></ruby><ruby>合<rt>hé</rt></ruby><ruby>器<rt>qì</rt></ruby><ruby>工<rt>gōng</rt></ruby><ruby>作<rt>zuò</rt></ruby><ruby>缸<rt>gāng</rt></ruby><ruby>结<rt>jié</rt></ruby><ruby>构<rt>gòu</rt></ruby><ruby>如<rt>rú</rt></ruby><ruby>图<rt>tú</rt></ruby> 1-12 <ruby>所<rt>suǒ</rt></ruby><ruby>示<rt>shì</rt></ruby>。<ruby>离<rt>lí</rt></ruby><ruby>合<rt>hé</rt></ruby><ruby>器<rt>qì</rt></ruby><ruby>工<rt>gōng</rt></ruby><ruby>作<rt>zuò</rt></ruby><ruby>缸<rt>gāng</rt></ruby><ruby>内<rt>nèi</rt></ruby><ruby>装<rt>zhuāng</rt></ruby>

<ruby>有<rt>yǒu</rt></ruby><ruby>活<rt>huó</rt></ruby><ruby>塞<rt>sāi</rt></ruby>、<ruby>皮<rt>pí</rt></ruby><ruby>碗<rt>wǎn</rt></ruby>、<ruby>推<rt>tuī</rt></ruby><ruby>杆<rt>gǎn</rt></ruby><ruby>等<rt>děng</rt></ruby>，<ruby>缸<rt>gāng</rt></ruby><ruby>体<rt>tǐ</rt></ruby><ruby>上<rt>shàng</rt></ruby><ruby>还<rt>hái</rt></ruby><ruby>设<rt>shè</rt></ruby><ruby>有<rt>yǒu</rt></ruby><ruby>放<rt>fàng</rt></ruby><ruby>气<rt>qì</rt></ruby><ruby>螺<rt>luó</rt></ruby><ruby>塞<rt>sāi</rt></ruby>。<ruby>当<rt>dāng</rt></ruby><ruby>管<rt>guǎn</rt></ruby><ruby>路<rt>lù</rt></ruby>

<ruby>内<rt>nèi</rt></ruby><ruby>有<rt>yǒu</rt></ruby><ruby>空<rt>kōng</rt></ruby><ruby>气<rt>qì</rt></ruby><ruby>存<rt>cún</rt></ruby><ruby>在<rt>zài</rt></ruby><ruby>而<rt>ér</rt></ruby><ruby>影<rt>yǐng</rt></ruby><ruby>响<rt>xiǎng</rt></ruby><ruby>操<rt>cāo</rt></ruby><ruby>纵<rt>zòng</rt></ruby><ruby>时<rt>shí</rt></ruby>，<ruby>可<rt>kě</rt></ruby><ruby>拧<rt>nǐng</rt></ruby><ruby>出<rt>chū</rt></ruby><ruby>放<rt>fàng</rt></ruby><ruby>气<rt>qì</rt></ruby><ruby>螺<rt>luó</rt></ruby><ruby>塞<rt>sāi</rt></ruby><ruby>进<rt>jìn</rt></ruby><ruby>行<rt>xíng</rt></ruby><ruby>放<rt>fàng</rt></ruby><ruby>气<rt>qì</rt></ruby>。

Construction clutch slave cylinder, as depicted in Fig. 1-12. The clutch slave cylinder is equipped with a piston, a leather cup, and a push

rod. Additionally, a bleeder screw is installed on the cylinder body. When air within the hydraulic lines hinders proper operation, the bleeder screw can be unscrewed to bleed the air out.

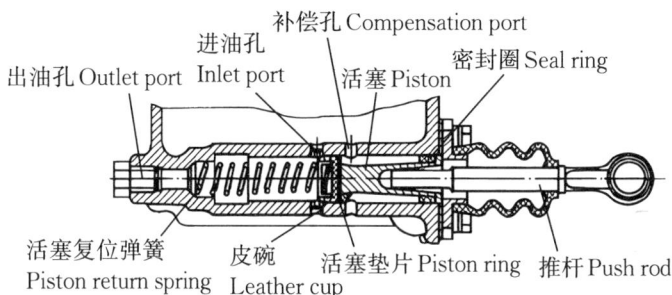

tú
图1-11　离合器主缸结构

Fig. 1-11　Construction of the clutch master cylinder

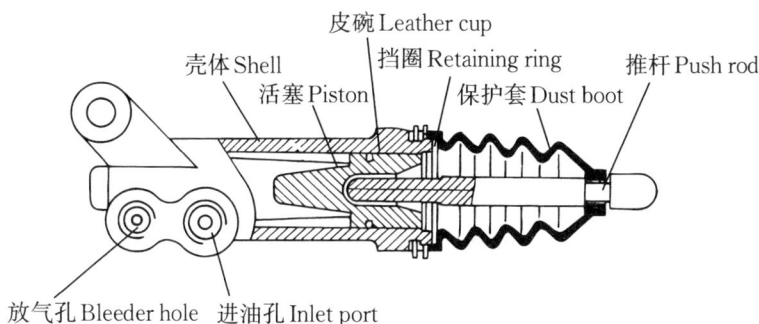

tú
图1-12　离合器工作缸结构

Fig. 1-12　Construction of the clutch slave cylinder

zhù lì shì cāo zòng jī gòu
（三）助力式操纵机构 Power-assisted linkage

wèi le shǐ lí hé qì cāo zòng qīng biàn　　jiǎn qīng tà bǎn cāo zòng lì　　gǎi shàn jià shǐ rén
为了使离合器操纵轻便，减轻踏板操纵力，改善驾驶人

cāo zòng tiáo jiàn　　zài jī xiè shì cāo zòng jī gòu　　yè yā shì cāo zòng jī gòu jī chǔ shang zēng
操纵条件，在机械式操纵机构、液压式操纵机构基础上增

shè le zhù lì zhuāng zhì   cháng jiàn de zhù lì zhuāng zhì yǒu tán huáng zhù lì shì hé qì yā zhù lì
设了助力装置。常见的助力装置有弹簧助力式和气压助力

shì liǎng zhǒng
式两种。

To enhance clutch operation comfort, reduce pedal effort, and improve driver control, power-assisted mechanisms are employed in addition to mechanical and hydraulic linkage systems. Common power-assisted devices include spring-assisted and pneumatic-assisted types.

tán huáng zhù lì shì cāo zòng jī gòu
1. 弹簧助力式操纵机构 Spring-assisted linkage

tán huáng zhù lì shì cāo zòng jī gòu   tú   jiù shì zài lí hé qì tà bǎn shang
弹簧助力式操纵机构（图 1-13）就是在离合器踏板上

jiǎo jiē yī gè fù wèi tán huáng   gāi fù wèi tán huáng yě jiù shì zhù lì tán huáng   zhù lì tán
铰接一个复位弹簧，该复位弹簧也就是助力弹簧。助力弹

huáng jié gòu jiǎn dān   xiào guǒ bù tài hǎo   suǒ yǐ zhǐ zài zhōng xíng   qīng xíng qì chē shang cǎi
簧结构简单，效果不太好，所以只在中型、轻型汽车上采

yòng   duì yú zhòng xíng qì chē   cháng cǎi yòng qì yā zhù lì zhuāng zhì
用。对于重型汽车，常采用气压助力装置。

Spring-assisted linkage(Fig. 1-13)incorporates a return spring hinged to the clutch pedal, serving as the power assist spring. Its simple structure limits its effectiveness, hence its application only in medium and light vehicles. For heavier vehicles, pneumatic power assistance is often preferred.

qì yā zhù lì shì cāo zòng jī gòu
2. 气压助力式操纵机构 Pneumatic-assisted linkage

qì yā zhù lì shì cāo zòng jī gòu yǒu qì yā zhù lì jī xiè shì hé qì yā zhù lì yè yā
气压助力式操纵机构有气压助力机械式和气压助力液压

shì liǎng zhǒng
式两种。

Pneumatic-assisted linkage can be classified into pneumatic-assisted mechanical and pneumatic-assisted hydraulic types.

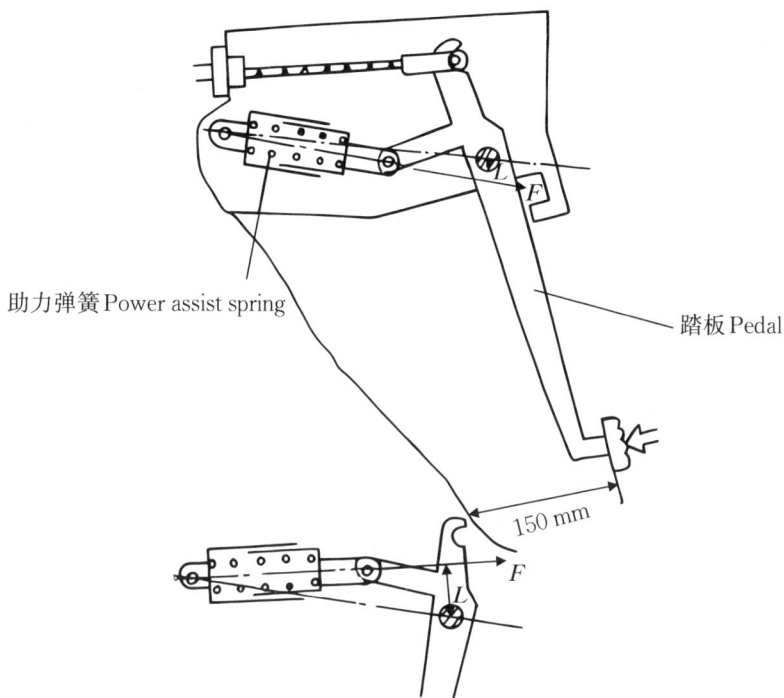

助力弹簧Power assist spring

踏板Pedal

150 mm

F

tú   tán huáng zhù lì shì cāo zòng jī gòu
图1-13 弹簧助力式操纵机构

Fig. 1-13 Spring-assisted linkage

qì yā zhù lì jī xiè shì cāo zòng jī gòu
1）气压助力机械式操纵机构

Pneumatic-assisted mechanical linkage

qì yā zhù lì jī xiè shì cāo zòng jī gòu rú tú   suǒ shì
气压助力机械式操纵机构如图1-14所示。

lí hé qì tà bǎn tōng guò lā gǎn   dì yī wèi gǎn   dì èr wèi gǎn   dì sān wèi
离合器踏板通过拉杆（第一位杆、第二位杆、第三位

gǎn   yǔ kòng zhì fá xiāng lián   kòng zhì fá kě suí lā gǎn yī qǐ yí dòng   jìn qì guǎn tōng
杆）与控制阀相连，控制阀可随拉杆一起移动，进气管通

chǔ qì tǒng   zhù lì qì gāng bèi gù dìng zài chē jià shang   tōng guò ruǎn guǎn yǔ kòng zhì fá
储气筒。助力气缸被固定在车架上，通过软管与控制阀

lián jiē
连接。

Pneumatic-assisted mechanical linkage is shown in Fig. 1-14.

It utilizes a pull rod system (first lever, second lever, third lever) to connect the clutch pedal to the control valve. The control valve can move along with the pull rod, and the intake pipe leads to the air reservoir. The power cylinder is mounted on the chassis and connected to the control valve via a hose.

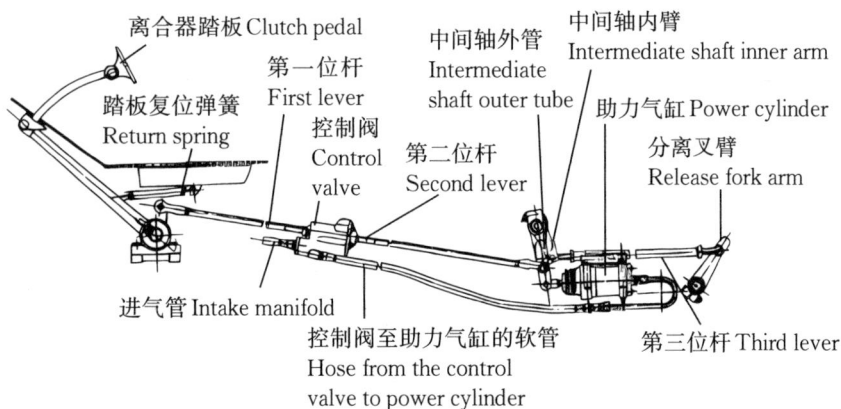

tú 1-14　qì yā zhù lì jī xiè shì cāo zòng jī gòu
图 1-14　气压助力机械式操纵机构

Fig. 1-14　Pneumatic-assisted mechanical linkage

2) 气压助力液压式操纵机构
qì yā zhù lì yè yā shì cāo zòng jī gòu

Pneumatic-assisted hydraulic linkage

tú 1-15 wéi qì yā zhù lì yè yā shì cāo zòng jī gòu de jié gòu shì yì tú，tú
图 1-15 为气压助力液压式操纵机构的结构示意图，图

zhōng de zhù lì qì jí qì yā zhù lì yè yā gōng zuò gāng。suī rán gè zhǒng qì yā zhù lì zhuāng
中的助力器即气压助力液压工作缸。虽然各种气压助力装

zhì de jié gòu yǒu suǒ bù tóng，dàn gōng zuò yuán lǐ dōu xiāng tóng。
置的结构有所不同，但工作原理都相同。

zài lí hé qì fēn lí guò chéng zhōng，zhǔ dòng kòng zhì fá de jìn qì fá mén dǎ kāi，pái qì
在离合器分离过程中，主动控制阀的进气阀门打开，排气

fá mén guān bì，yā suō kōng qì yóu jìn qì fá mén jìn rù zhù lì gāng，chǎn shēng zhù lì zuò yòng。
阀门关闭，压缩空气由进气阀门进入助力缸，产生助力作用。

在离合器接合过程中，进气阀门关闭，排气阀门打开，助力缸内的压缩空气逐渐由排气阀门排出，实现离合器接合。踏板松开得越慢，排气阀门打开得越小，压缩空气排出得越慢，离合器接合就越柔和。

在离合器接合或分离过程中，若踏板保持在某一位置，则进气阀门、排气阀门都关闭，助力缸的气压与离合器压紧弹簧产生的总抗力平衡，离合器维持某一接合力。踏板位置越低，平衡气压越大，踏板力越大。

Figure 1-15 illustrates structural representation of a pneumatic-assisted hydraulic linkage system, where the booster is labeled as the "pneumatic-assisted hydraulic working cylinder". Despite variations in the structural designs of pneumatic power assistance mechanisms, their operating principles remain consistent.

During clutch disengagement, the active control valve's intake valve opens, while the exhaust valve remains closed. Compressed air enters the power cylinder through the intake valve, generating power assistance.

When the clutch engages, the intake valve closes, and the exhaust valve opens. The compressed air within the power cylinder gradually escapes through the exhaust valve, allowing the clutch to engage. The slower the pedal is released, the smaller the opening of the exhaust valve, resulting in a slower release of compressed air and a smoother clutch engagement.

Suppose the pedal is held at a particular position during clutch engagement or disengagement, both the intake and exhaust valves close.

The pressure within the power cylinder balances the total resistance generated by the clutch pressure plate spring, maintaining the clutch at a specific engagement force. The lower the pedal position, the higher the balancing pressure and the greater the pedal effort required.

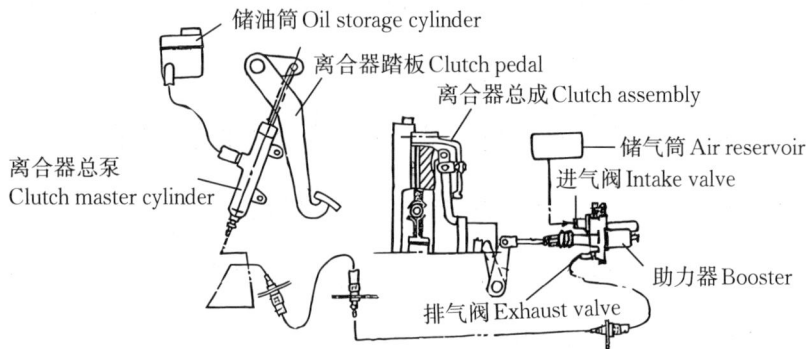

储油筒 Oil storage cylinder
离合器踏板 Clutch pedal
离合器总成 Clutch assembly
储气筒 Air reservoir
进气阀 Intake valve
离合器总泵
Clutch master cylinder
助力器 Booster
排气阀 Exhaust valve

tú
图 1-15　气压助力液压式操纵机构的结构示意图
qì yā zhù lì yè yā shì cāo zòng jī gòu de jié gòu shì yì tú

Fig. 1-15　Structural representation of a pneumatic-assisted hydraulic linkage system

rèn wu shí shī
任务实施 Teaching Task

lí hé qì de chāi zhuāng
离合器的拆装

Disassembly and Assembly of Clutch

shí shī mù dì
一、实施目的 Objectives

hui miáo shù qì chē lí hé qì de gòu zào
（1）会描述汽车离合器的构造。

néng shuō chū qì chē lí hé qì gè zǔ chéng bù fen de gōng néng
（2）能说出汽车离合器各组成部分的功能。

（1）Describe the construction of an automotive clutch.

（2）Explain the functions of each component of an automotive clutch.

二、技能训练准备 Preparation for Skills Training
jì néng xùn liàn zhǔn bèi

（一）所需设备、工（量）具及材料
suǒ xū shè bèi　　gōng　liáng　 jù jí cái liào

Required Equipment，Tools，and Materials

实训用车辆、维修手册、拆装工具、检测量具、前格
shí xùn yòng chē liàng　 wéi xiū shǒu cè　 chāi zhuāng gōng jù　 jiǎn cè liáng jù　 qián gé

栅布、翼子板布、车内防护三件套、车轮挡块等。
zhà bù　 yì zǐ bǎn bù　 chē nèi fáng hù sān jiàn tào　 chē lún dǎng kuài děng

Training vehicle，repair manual，disassembly and assembly tools，inspection and measuring tools，front grille cover，fender cover，car interior protective set，wheel chocks，etc.

（二）安全防护用品 Safety Protective Equipment
ān quán fáng hù yòng pǐn

标准作业工装、安全鞋、护目镜、手套等。
biāo zhǔn zuò yè gōng zhuāng　 ān quán xié　 hù mù jìng　 shǒu tào děng

Standard work clothes，safety shoes，goggles，gloves，etc.

（三）汽车信息收集 Vehicle Description
qì chē xìn xī shōu jí

车牌号码： _____
chē pái hào mǎ

License Plate Number： _____

车辆型号： _____
chē liàng xíng hào

Vehicle Model： _____

VIN码： _____
mǎ

VIN： _____

行驶里程： _____
xíng shǐ lǐ chéng

Mileage：_____

三、技术规范与注意事项
jì shù guī fàn yǔ zhù yì shì xiàng

Technical Specifications and Precautions

（1）严禁违规操作。
yán jìn wéi guī cāo zuò

（2）注意穿戴好防护用具。
zhù yì chuān dài hǎo fáng hù yòng jù

（3）使用维修手册时，要注意资料应与使用车辆型号相对应。
shǐ yòng wéi xiū shǒu cè shí　yào zhù yì zī liào yīng yǔ shǐ yòng chē liàng xíng hào
xiāng duì yìng

（4）要遵守维修手册规定的其他技术和安全要求。
yào zūn shǒu wéi xiū shǒu cè guī dìng de qí tā jì shù hé ān quán yāo qiú

（1）Strictly prohibit unauthorized operations.

（2）Wear appropriate protective gear.

（3）When using the repair manual, ensure the information matches the vehicle model being worked on.

（4）Comply with all other technical and safety requirements specified in the repair manual.

四、实施步骤及方法
shí shī bù zhòu jí fāng fǎ

Implementation Steps and Methods

（一）检修作业的准备及预检
jiǎn xiū zuò yè de zhǔn bèi jí yù jiǎn

Preparation and pre-inspection for the repair work

（1）与小组成员共同清洁场地。　□任务完成
yǔ xiǎo zǔ chéng yuán gòng tóng qīng jié chǎng dì　rèn wu wán chéng

（2）清点所需工具、量具数量和种类。　□任务完成
qīng diǎn suǒ xū gōng jù　liáng jù shù liàng hé zhǒng lèi　rèn wu wán chéng

（3）检查设备和工具、量具性能是否良好。 □任务完成

（1）Clean the work area together with group members.

□ Task Completed

（2）Verify the quantity and types of required tools and measuring instruments.

□ Task Completed

（3）Inspect the condition of the equipment, tools, and measuring instruments to ensure they are in good working order. □ Task Completed

（二）离合器主要机件的调整检测

Adjustment and Inspection of Major Clutch Components

离合器主要机件的拆装及检测见表1-1所列。

For the disassembly and inspection of major clutch components, refer to Table 1-1.

表1-1 离合器主要机件的拆装及检测

Table 1-1 Disassembly and Inspection of Major Clutch Components

任务名称 Task Name	任务实施过程 Task Implementation Process
1.压盘的检测 Pressure Plate Inspection	（1）检测压盘是否有磨损； （2）检测压盘是否有擦伤； （3）检测压盘是否有龟裂； （4）检测压盘是否有翘曲； （5）检测压盘平面度（当平面度大于0.20 mm时，应更换压盘）

（续表）

rèn wu míng chēng 任务名 称 Task Name	rèn wu shí shī guò chéng 任务实施过 程 Task Implementation Process
yā pán de 1. 压盘的 jiǎn cè 检测 Pressure Plate Inspection	（1）Inspect the pressure plate for wear； （2）Inspect the pressure plate for scratches； （3）Inspect the pressure plate for cracks； （4）Inspect the pressure plate for warping； （5）Inspect the pressure plate flatness（replace the pressure plate if flatness exceeds 0.20 mm）
mó piàn 2. 膜片 tán huáng de jiǎn cè 弹簧的检测 Diaphragm Spring Inspection	jiǎn cè mó piàn tán huáng yǔ fēn lí zhóu chéng jiē hé chù de mó sǔn shēn dù yǔ （1）检测膜片弹簧与分离轴承接合处的磨损深度与 kuān dù 宽度； jiǎn cè luó xuán tán huáng de zì yóu cháng dù jí yā suō zhì guī dìng cháng dù de （2）检测螺旋弹簧的自由长度及压缩至规定长度的 tán lì 弹力 （1）Inspect the depth and width of wear at the diaphragm spring's engagement point with the release bearing； （2）Inspect the free length and load at specified compression of the helical spring
cóng dòng pán de 3. 从动盘的 jiǎn cè 检测 Driven Plate Inspection	jiǎn cè mó cā chèn piàn shì fǒu mó sǔn biàn báo （1）检测摩擦衬片是否磨损变薄； jiǎn cè mǎo dīng shì fǒu wài lù huò sōng dòng （2）检测铆钉是否外露或松动； jiǎn cè mó cā chèn piàn shì fǒu yǒu kāi liè shāo jiāo yìng huà xiàn xiàng huò yǒu （3）检测摩擦衬片是否有开裂、烧焦、硬化现象或有 yóu wū 油污； jiǎn cè cóng dòng pán shì fǒu qiáo qū （4）检测从动盘是否翘曲； jiǎn cè niǔ zhuǎn jiǎn zhèn qì tán huáng shì fǒu zhé duàn （5）检测扭转减振器弹簧是否折断

（续表）

rèn wu míng chēng 任务名称 Task Name	rèn wu shí shī guò chéng 任务实施过程 Task Implementation Process
cóng dòng pán de 3.从动盘的 jiǎn cè 检测 Driven Plate Inspection	(1)Inspect the friction linings for wear and thinning； (2)Inspect the rivets for exposure or looseness； (3)Inspect the friction linings for cracks，burning，hardening，or oil contamination； (4)Inspect the driven plate for warping； (5)Inspect the torsion damper springs for breakage

píng jià yǔ fǎn kuì
评价与反馈 Evaluation and Feedback

bān jí　　　　　　xìng míng　　　　　　zhǐ dǎo jiào shī
班级_____　姓名_____　指导教师_____
Class_____　Name_____　Instructor_____

kǎo hé 考核 xiàng mù 项目 Items		kǎo hé nèi róng 考核内容 Content	pèi fēn 配分/ fēn 分 Total	kǎo hé biāo zhǔn 考核标准 Assessment Criteria	dé fēn 得分/ fēn 分 Score
jì néng 技能 kǎo hé 考核 Skill Asse-ssment	zhǔn bèi 准备 Preparation	qīng diǎn gōng jù　liáng jù 清点工具、量具， qīng lǐ gōng wèi 清理工位 Inventory of tools and measuring instruments， Clean up workspace	1	wèi zuò bù dé fēn 未做不得分 Not done： 0 points	

（续表）

考核项目 Items		考核内容 Content	配分/分 Total	考核标准 Assessment Criteria	得分/分 Score
技能考核 Skill Asse-ssment	准备 Preparation	清洁设备外观 Clean equipment exterior	1	未做不得分 Not done：0 points	
		检查电源开关 Check power switch	1	未做不得分 Not done：0 points	
		安装各种防护套 Install protective covers	2	未做不得分 Not done：0 points	
		发动机机舱预检 Engine bay pre-inspection	5	操作不正确扣1~5分 Incorrect operation：deduct 1~5 points	
	离合器的检查 Clutch Inspection	压盘的检测 Pressure plate inspection	10	操作不正确扣1~10分 Incorrect operation：deduct 1~10 points	

（续表）

kǎo hé **考核** xiàng mù **项目** Items		kǎo hé nèi róng **考核内容** Content	pèi fēn **配分**/ fēn **分** Total	kǎo hé biāo zhǔn **考核标准** Assessment Criteria	dé fēn **得分**/ fēn **分** Score
jì néng **技能** kǎo hé **考核** Skill Asse- ssment	lí hé qì **离合器** de jiǎn chá **的检查** Clutch Inspection	mó piàn tán huáng de jiǎn cè **膜片弹簧的检测** Diaphragm spring inspection	10	cāo zuò bù zhèng què kòu **操作不正确扣** fēn **1~10分** Incorrect operation： deduct 1~10 points	
		cóng dòng pán de jiǎn cè **从动盘的检测** Driven plate inspection	10	cāo zuò bù zhèng què kòu **操作不正确扣** fēn **1~10分** Incorrect operation： deduct 1~10 points	

chū qín jì lǜ　　ān quán fáng hù huán bǎo　　zhī shi shuǐ píng　　xué xí néng lì kǎo
出勤/纪律、安全/防护/环保、知识水平、学习能力考
hé xiàng mù bù fen jiàn fù yī
核项目部分见附录一。

总结与反思见附录二。

Attendance / discipline, safety / protection / environment, knowledge level, and learning ability assessment items are detailed in the Appendix 1.

Summaries and Reflections are detailed in the Appendix 2.

rèn wu èr
任务二 TASK 2

变速器的构造与维修
Construction and Maintenance of Transmissions

rèn wu mù biāo
任务目标 Task Objects

mù biāo lèi xíng 目标类型 Object types	mù biāo yāo qiú 目标要求 Contents
zhī shi mù biāo 知识目标 Knowledge object	zhǎng wò biàn sù qì de jié gòu (1) 掌握变速器的结构； Acquire knowledge about the construction of a transmission； liǎo jiě biàn sù qì de gōng zuò yuán lǐ (2) 了解变速器的工作原理。 Be aware of the working principle of a transmission.
jì néng mù biāo 技能目标 Practice object	shú xī biàn sù qì de jié gòu (1) 熟悉变速器的结构； Master the construction of a transmission； chá xún wéi xiū zī liào néng gòu duì biàn sù qì jìn xíng jiǎn cè hé (2) 查询维修资料，能够对变速器进行检测和 wéi xiū 维修。 Be able to consult repair materials, and inspect and repair transmissions.
pǐn gé mù biāo 品格目标 Competence object	péi yǎng xué shēng zì zhǔ tàn jiū de xué xí xí guàn (1) 培养学生自主探究的学习习惯； Cultivate students' habit of independent learning and exploration； péi yǎng xué shēng ān quán cāo zuò de yì shí (2) 培养学生安全操作的意识。 Cultivate students' awareness of safe operation.

rèn wu miáo shù
任务描述 Task Description

qì chē zài jiā sù   jiǎn sù huò pá pō shí   biàn sù gǎn zì dòng tiào huí kōng dǎng wèi zhì
汽车在加速、减速或爬坡时，变速杆自动跳回空挡位置。

The gear lever automatically jumps back to the neutral position when the vehicle is accelerating , decelerating , or climbing a slope.

rèn wu fēn xī
任务分析 Task Analysis

gù zhàng yuán yīn
故障原因：

méi yǒu tiáo zhěng hǎo biàn sù gǎn huò biàn sù gǎn wān qū   yuǎn chéng kòng zhì gǎn jī
（1）没有调整好变速杆或变速杆弯曲，远程控制杆机
gòu bèi mó sǔn huò tiáo zhěng bù liáng
构被磨损或调整不良；

bō chā zhóu xiàng zì yóu xíng chéng guò dà huò āo cáo wèi zhì bù zhèng què   bō chā
（2）拨叉轴向自由行程过大或凹槽位置不正确，拨叉
zhóu āo cáo bèi mó sǔn jí bō chā bèi mó sǔn   biàn xíng
轴凹槽被磨损及拨叉被磨损、变形；

zì suǒ gǎng qiú bèi mó sǔn huò pò liè   zì suǒ tán huáng tán lì bù gòu huò bèi
（3）自锁钢球被磨损或破裂，自锁弹簧弹力不够或被
zhé duàn
折断；

biàn sù qì zhóu   zhóu chéng bèi mó sǔn sōng kuàng huò zhóu xiàng jiàn xì guò dà   zào
（4）变速器轴、轴承被磨损松旷或轴向间隙过大，造
chéng zhóu zhuàn dòng shí chǐ lún niè hé bù zú ér fā shēng tiào dòng hé zhóu xiàng cuàn dòng
成轴转动时齿轮啮合不足而发生跳动和轴向窜动；

chǐ lún huò jiē hé tào bèi yán zhòng mó sǔn   yán chǐ cháng fāng xiàng bèi mó chéng
（5）齿轮或接合套被严重磨损，沿齿长方向被磨成
zhuī xíng
锥形；

tóng bù qì bèi mó sǔn huò sǔn huài
（6）同步器被磨损或损坏；

biàn sù qì ké sōng dòng huò yǔ lí hé qì ké wèi duì zhǔn
（7）变速器壳松动或与离合器壳未对准。

Possible Causes of Fault:

(1) The gear lever is not adjusted properly or is bent, and the remote control lever mechanism is worn or adjusted poorly;

(2) Excessive axial free play or incorrect groove position of the shift shaft, as well as wear or deformation of the shift shaft groove and shift fork;

(3) The self-locking ball is worn or broken, the self-locking spring force is insufficient or broken;

(4) The transmission shaft and bearings are worn or loose or the axial clearance is too large, causing insufficient gear engagement and jumping and axial movement when the shaft rotates;

(5) Gears or coupling sleeves are severely worn, worn into a conical shape along the tooth length;

(6) Synchronizers are worn or damaged;

(7) The transmission case is loose or misaligned with the clutch housing.

xiāng guān zhī shi
相关知识 Relevant Knowledge

biàn sù qì de gōng yòng
一、变速器的功用 Functions of a transmission

gǎi biàn chuán dòng bǐ   kuò dà qū dòng lún zhuǎn jǔ hé zhuàn sù de biàn huà fàn wéi
(1) 改变传动比，扩大驱动轮转矩和转速的变化范围，

yǐ shì yìng jīng cháng biàn huà de xíng shǐ tiáo jiàn   tóng shí shǐ fā dòng jī zài yǒu lì   gōng lǜ
以适应经常变化的行驶条件，同时使发动机在有利（功率

jiào gāo ér yóu hào jiào dī   de gōng kuàng xià gōng zuò
较高而油耗较低）的工况下工作；

zài fā dòng jī xuán zhuǎn fāng xiàng bù biàn de qíng kuàng xià   shǐ qì chē néng dào tuì
(2) 在发动机旋转方向不变的情况下，使汽车能倒退

xíng shǐ
行驶；

（3）利用空挡，中断动力传递，使发动机能够起动、

怠速，并便于变速器换挡或进行动力输出。

（1）Change the transmission ratio, expand the range of variation of driving wheel torque and speed to adapt to frequently changing driving conditions, and at the same time make the engine work under favorable (higher power and lower fuel consumption) conditions;

（2）Enable the vehicle to reverse without changing the engine's rotation direction;

（3）Use the neutral gear to interrupt power transmission, allowing the engine to start, idle, and facilitate gear-shifting or power output.

二、变速器的类型Types of transmission

（一）按传动比的变化方式划分

Classification by transmission ratio change method

按照传动比的变化方式，变速器可分为有级式、无级式和综合式3种。

（1）有级式变速器：有几个可选择的固定传动比，采用齿轮传动。有级式变速器又可分为齿轮轴线固定的普通齿轮变速器和部分齿轮（行星齿轮）轴线旋转的行星齿轮变速器两种。

（2）无级式变速器：传动比可在一定范围内连续变化，常见的有液力式、机械式和电力式等。

（3）综合式变速器：由有级式变速器和无级式变速器共同组成，其传动比可以在最大值与最小值之间几个分段的范围内做无级变化。

Based on the method of transmission ratio change, transmissions can be classified into three types: geared, continuously variable, and hybrid.

（1）Geared transmission: It has several fixed transmission ratios and uses a gear drive. Geared transmission can be further divided into two types: standard gear transmissions with fixed gear shafts, and planetary gear transmissions, where some gears (planetary gears) have rotating axes.

（2）Continuously variable transmission (CVT): The transmission ratio can be continuously changed within a certain range; common types include hydraulic, mechanical, and electric CVTs.

（3）Hybrid transmission: It is comprised of both a geared transmission and a CVT, allowing for stepless variation of the transmission ratio across several ranges between the maximum and minimum values.

（二）按操纵方式划分

Classification by operation method

按照操纵方式，变速器可以分为强制操纵式、自动操纵式和半自动操纵式3种。

（1）强制操纵式变速器：即手动变速器（MT，图2-1），靠驾驶人直接操纵变速杆换挡。

tú   shǒu dòng biàn sù qì
图2-1 手动变速器

Fig. 2-1 Manual transmission

zì dòng cāo zòng shì biàn sù qì   jí zì dòng biàn sù qì   tú
（2）自动操纵式变速器：即自动变速器（AT，图2-2），

chuán dòng bǐ de xuǎn zé hé huàn dǎng shì zì dòng jìn xíng de   jià shǐ rén zhǐ xū cāo zòng jiā sù
传动比的选择和换挡是自动进行的。驾驶人只需操纵加速

tà bǎn   biàn sù qì jiù kě yǐ gēn jù fā dòng jī de fù hè xìn hào hé chē sù xìn hào lái
踏板，变速器就可以根据发动机的负荷信号和车速信号来

kòng zhì zhí xíng yuán jiàn   shí xiàn dǎng wèi de biàn huàn
控制执行元件，实现挡位的变换。

bàn zì dòng cāo zòng shì biàn sù qì   jí shǒu zì yī tǐ biàn sù qì
（3）半自动操纵式变速器：即手自一体变速器（AMT，

tú   shǒu zì yī tǐ biàn sù qì huàn dǎng shí   bù fēn dǎng wèi zì dòng huàn dǎng   bù
图2-3），手自一体变速器换挡时，部分挡位自动换挡，部

fēn dǎng wèi shǒu dòng   qiáng zhì   huàn dǎng
分挡位手动（强制）换挡。

Based on the operation methods, transmissions can be classified into three types: forced, automatic, and semi-automatic.

（1）A forced transmission, or manual transmission (MT, Fig. 2-1) is a type of transmission where the driver manually controls the gear changes using a gear stick.

（2）An automated control transmission, or automatic transmission

（AT, Fig. 2-2）automatically selects the transmission ratio and shifts gears. In an automatic transmission, the driver only needs to control the accelerator pedal, and the transmission will automatically adjust the gear based on engine load and vehicle speed signals.

（3）A semi-automatic control transmission, also known as an manual automatic transmission（AMT, Fig. 2-3）, is a type of transmission that allows for some gears to be shifted automatically, while others require manual（forced）shifting.

tú   zì dòng biàn sù qì
图2-2　自动变速器

Fig. 2-2　Automatic transmission

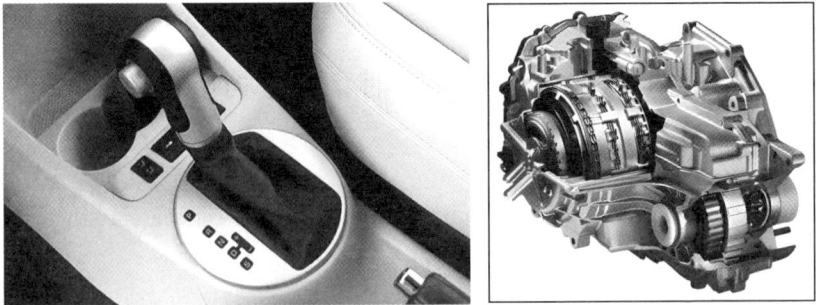

tú   shǒu zì yī tǐ biàn sù qì
图2-3　手自一体变速器

Fig. 2-3　Manual automatic transmission

三、手动变速器的工作原理
shǒu dòng biàn sù qì de gōng zuò yuán lǐ

Working principle of manual transmission

（一）齿轮传动变速原理
chǐ lún chuán dòng biàn sù yuán lǐ

Speed variation principle of gear transmission

手动变速器是利用齿数不同的齿轮啮合传动的组合实
现转速和转矩的改变的。

A manual transmission utilizes a combination of gears with varying numbers of teeth to achieve changes in rotational speed and torque.

1. 传动比 Gear ratio
chuán dòng bǐ

设主动齿轮的转速为 n_1，齿数为 Z_1；从动齿轮的转速为 n_2，齿数为 Z_2。主动齿轮（或输入轴）的转速与从动齿轮（或输出轴）的转速之比值称为传动比，用 $i_{1.2}$ 表示，即

$$i_{1.2}=n_1/n_2=Z_2/Z_1$$

Assume the driving gear has a rotational speed of n_1 and a tooth count of Z_1; the driven gear has a rotational speed of n_2 and a tooth count of Z_2. The ratio of the driving gear's speed（or input shaft）to the driven gear's speed（or output shaft）is called the transmission ratio, represented as $i_{1.2}$. Mathematically, this can be expressed as

$$i_{1.2}=n_1/n_2=Z_2/Z_1$$

2. 变速原理 Speed variation principle

一对齿数不同的齿轮啮合传动，当小齿轮为主动齿轮，带动大齿轮转动时，转速降低，转矩增大；当大齿轮驱动小齿轮时，转速升高，转矩降低。这就是齿轮传动的变速原理，如图2-4所示。

When two gears with different numbers of teeth mesh, the gear with fewer teeth (the driving gear) will rotate faster than the gear with more teeth (the driven gear). This results in a decrease in rotational speed and an increase in torque. Conversely, if the larger gear is the driving gear, the rotational speed increases while the torque decreases. This is the speed variation principle of gear transmission, as illustrated in Fig. 2-4.

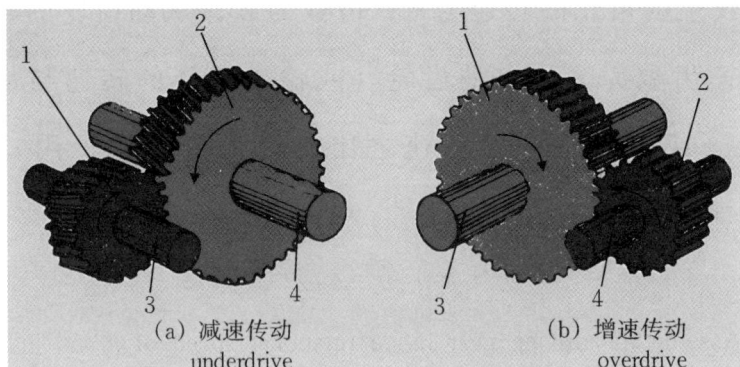

（a）减速传动
underdrive

（b）增速传动
overdrive

1—主动齿轮；2—从动齿轮；3—输入轴；4—输出轴。

1—driving gear；2—driven gear；3—input shaft；4—output shaft.

图2-4 齿轮传动的变速原理

Fig. 2-4 Speed variation principle of gear transmission

（二）换挡原理 Gear-shifting principle

当 $i>1$ 时，为减速增扭传动，其挡位被称为降速挡；

当 $i<1$ 时，为增速降扭传动，其挡位被称为超速挡；

当 $i=1$ 时，为等速等扭传动，其挡位被称为直接挡。

习惯上把变速器传动比值较小的挡位称为高挡，传动比值较大的挡位称为低挡；变速器挡位的变换称为换挡，由低挡向高挡变换称为加挡（或升挡），反之称为减挡（或降挡）。

变速器就是通过挡位变换来改变传动比，从而实现多级变速的。

When $i>1$, it is a speed reduction and torque increase transmission, and the gear position is called a downshift gear;

When $i<1$, it is a speed increase and torque reduction transmission, and the gear position is called an overdrive gear;

When $i=1$, it is an equal speed and equal torque transmission, and the gear position is called a direct drive gear.

Conventionally, gear positions with smaller transmission ratios are referred to as high gears, while those with larger transmission ratios are referred to as low gears. The change of gear positions in the transmission is called shifting. Shifting from a low gear to a high gear is called upshifting, and vice versa is called downshifting.

The transmission achieves multiple speed variations by changing gear positions to alter the transmission ratio.

（三） 变向原理 Gear-reversing principle

由齿轮传动变速原理可知，一对相啮合的外齿轮旋向相反，每经过一对传动副时，其轴改变一次转向。故倒挡的实现是通过在输入齿轮与输出齿轮之间增加一个中间齿轮（称为惰轮），从而改变输出齿轮的方向而实现的。变向原理示意图如图2-5所示。

The speed variation principle of gear transmission indicates that a pair of meshing external gears rotate in opposite directions, and the shaft changes direction once for each transmission pair. Therefore, reverse gear is achieved by adding an intermediate gear (called an idler gear) between the input gear and output gear to change the direction of the output gear. Schematic diagram of the gear-reversing principle is shown in Fig. 2-5.

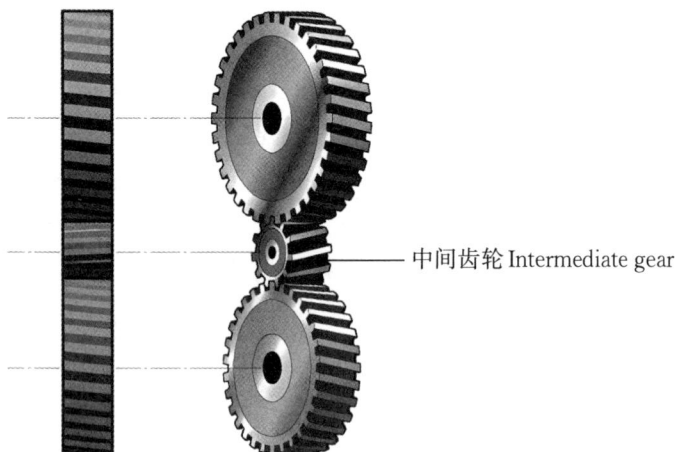

中间齿轮 Intermediate gear

图2-5　变向原理示意图

Fig. 2-5　Schematic diagram of the gear-reversing principle

四、变速器传动机构Transmission mechanisms
biàn sù qì chuán dòng jī gòu

pǔ tōng chǐ lún biàn sù qì de biàn sù chuán dòng jī gòu
（一）普通齿轮变速器的变速传动机构

Gear-shifting mechanism of a conventional manual transmission

biàn sù chuán dòng jī gòu de zuò yòng
1. 变速传动机构的作用

Function of the gear-shifting mechanism

biàn sù chuán dòng jī gòu shì biàn sù qì de zhǔ tǐ   qí zhǔ yào zuò yòng shì gǎi biàn sù
变速传动机构是变速器的主体，其主要作用是改变速
dù bǐ   xuán zhuǎn fāng xiàng
度比、旋转方向。

The gear-shifting mechanism is the main body of the transmission, and its primary function is to change the speed ratio and the direction of rotation.

sān zhóu shì biàn sù qì biàn sù chuán dòng jī gòu
2. 三轴式变速器变速传动机构

Three-shaft transmission shift mechanism

sān zhóu wǔ dǎng biàn sù qì yǒu   gè qián jìn dǎng hé   gè dào dǎng   yóu ké tǐ   dì
三轴五挡变速器有5个前进挡和1个倒挡，由壳体、第
yī zhóu   shū rù zhóu   dì èr zhóu   shū chū zhóu   zhōng jiān zhóu   dào dǎng zhóu   gè
一轴（输入轴）、第二轴（输出轴）、中间轴、倒挡轴、各
zhóu shang chǐ lún   cāo zòng jī gòu děng jǐ bù fèn zǔ chéng
轴上齿轮、操纵机构等几部分组成。

zài gāi biàn sù qì shang   gè zhóu shang dào dǎng chǐ lún jūn wéi xié chǐ yuán zhù chǐ lún   cǎi
在该变速器上，各轴上倒挡齿轮均为斜齿圆柱齿轮，采
yòng yí dòng chǐ lún huàn dǎng fāng shì   qí yú gè chǐ lún quán bù wéi xié chǐ yuán zhù chǐ lún
用移动齿轮换挡方式。其余各齿轮全部为斜齿圆柱齿轮，
jù yǒu chuán dòng píng wěn de tè diǎn   bìng qiě quán bù cǎi yòng tóng bù qì huàn dǎng   zài   dǎng biàn
具有传动平稳的特点，并且全部采用同步器换挡。在5挡变

sù qì zhōng wǎng wǎng jiāng dì dǎng shè jì wéi chāo sù dǎng biàn sù qì chǔ yú chāo sù dǎng gōng
速器中，往往将第5挡设计为超速挡。变速器处于超速挡工

kuàng shí chuán dòng bǐ xiǎo yú shū chū zhóu bǐ shū rù zhóu zhuàn de yào kuài
况时传动比小于1，输出轴比输入轴转得要快。

A three-shaft five-speed transmission has five forward gears and one reverse gear. It consists of a housing, a first shaft (input shaft), a second shaft (output shaft), an intermediate shaft, a reverse gear shaft, gears on each shaft, and a control mechanism.

In this transmission, the reverse gears on each shaft are helical cylindrical gears, and the shifting method is to move the gears. All other gears are helical gears, which provide smooth transmission and are all synchronized for shifting. In a five-speed transmission, the fifth gear is often designed as an overdrive gear. When the transmission is in overdrive, the gear ratio is less than 1, and the output shaft rotates faster than the input shaft.

3. 二轴式变速器 Two-shaft manual transmission

èr zhóu shì biàn sù qì gè qián jìn dǎng gōng zuò shí dōu zhǐ yǒu yī duì chǐ lún fù gōng zuò
二轴式变速器各前进挡工作时都只有一对齿轮副工作。

yóu yú zhǐ yǒu shū rù shū chū liǎng gēn zhóu qiě xiāng hù píng xíng tóng bù qì jì kě bù
由于只有输入、输出两根轴，且相互平行，同步器既可布

zhì zài shū rù zhóu shang yòu kě bù zhì zài shū chū zhóu shang jié gòu jǐn còu yīn cǐ
置在输入轴上，又可布置在输出轴上，结构紧凑。因此，

èr zhóu shì biàn sù qì bèi guǎng fàn yìng yòng zài fā dòng jī qián zhì qián lún qū dòng huò fā dòng
二轴式变速器被广泛应用在发动机前置、前轮驱动或发动

jī hòu zhì hòu lún qū dòng de jiào chē shang
机后置、后轮驱动的轿车上。

In a two-shaft transmission, only one pair of gears works in each forward gear. Since there are only two shafts, input, and output, and they are parallel to each other, the synchronizer can be placed on either the input shaft or the output shaft, making the structure compact. Therefore, two-shaft transmissions are widely used in front-engine, front-wheel drive or rear-engine, rear-wheel drive cars.

4. 同步器的作用 Function of the synchronizer

手动变速器在换挡过程中，必须使所选挡位的一对待啮合齿轮的圆周速度相等，才能平顺地进入啮合，即同步挂挡。若不同步而强行换挡，则势必因两齿轮间存在转速差而产生冲击和噪声，不但不易挂挡，而且会影响齿轮的使用寿命，甚至折断齿轮。为了使换挡平顺，驾驶人应采取合理的换挡操作步骤，并在极短的时间内迅速而准确地完成。即使是技术很熟练的驾驶人，也容易疲劳。因此，要求在变速器结构上采取措施，既保证换挡平顺，又使操作简化。

同步器是在接合套换挡机构的基础上发展起来的一种自动强制同步装置，其作用是使接合套与待啮合的齿圈迅速同步，以缩短换挡时间，并防止两者在同步值前相接触而产生齿间冲击。同步器有常压式、惯性式、自行增力式等，目前广泛采用的是惯性式同步器。

During the shifting process of a manual transmission, the circumferential speeds of the two gears to be meshed must be equal in order to smoothly engage, i.e., synchronous shifting. If shifting is forced without synchronization, impact and noise will inevitably occur due to the

speed difference between the two gears, making it difficult to shift gears and affecting the service life of the gears, or even breaking them. To ensure smooth shifting, the driver should adopt reasonable shifting operation steps and complete them quickly and accurately in a very short time. Even skilled drivers can easily become fatigued. Therefore, it is necessary to take measures in the transmission structure to ensure smooth shifting and simplify operation.

The synchronizer is an automatic forced synchronization device developed based on the sleeve shifting mechanism. Its function is to quickly synchronize the sleeve with the gear ring to mesh, shortening the shifting time and preventing the two from contacting before synchronization, which would cause gear impact. There are constant pressure, inertia, and self-energizing synchronizers, among others. The inertia synchronizer is currently widely used.

（二）手动变速器的操纵机构
shǒu dòng biàn sù qì de cāo zòng jī gòu

The control mechanism of a manual transmission

1. 功用 Function
gōng yòng

手动变速器操纵机构的功用是保证驾驶人根据使用条件，将变速器换入所需要的挡位。
shǒu dòng biàn sù qì cāo zòng jī gòu de gōng yòng shì bǎo zhèng jià shǐ rén gēn jù shǐ yòng tiáo jiàn，jiāng biàn sù qì huàn rù suǒ xū yào de dǎng wèi

The function of the manual transmission control mechanism is to ensure that the driver can shift the transmission into the desired gear according to the operating conditions.

2. 要求 Requirements
yāo qiú

（1）手动变速器的操纵机构应设有自锁装置（图2-6），
shǒu dòng biàn sù qì de cāo zòng jī gòu yīng shè yǒu zì suǒ zhuāng zhì tú

yǐ fáng zhǐ biàn sù　qì zì dòng huàn dǎng hé zì dòng tuō dǎng
以防止变速器自动换挡和自动脱挡。

shǒu dòng biàn sù qì de cāo zòng jī gòu yīng shè yǒu hù suǒ zhuāng zhì　　yǐ bǎo zhèng
（2）手动变速器的操纵机构应设有互锁装置，以保证

biàn sù qì bù huì tóng shí huàn rù liǎng gè dǎng wèi　　fǒu zé huì chǎn shēng yùn dòng gān shè　　shèn
变速器不会同时换入两个挡位，否则会产生运动干涉，甚

zhì sǔn huài líng jiàn　　suǒ qiú shì hù suǒ zhuāng zhì hù suǒ yuán lǐ rú tú　　suǒ shì
至损坏零件。锁球式互锁装置互锁原理如图2-7所示。

shǒu dòng biàn sù　qì de cāo zòng jī gòu yīng shè yǒu dào dǎng suǒ　　yǐ fáng zhǐ wù
（3）手动变速器的操纵机构应设有倒挡锁，以防止误

guà dào dǎng　　fǒu zé huì sǔn huài líng jiàn huò fā shēng ān quán shì gù　　tán huáng suǒ xiāo shì dào
挂倒挡，否则会损坏零件或发生安全事故。弹簧锁销式倒

dǎng suǒ rú tú　　suǒ shì
挡锁如图2-8所示。

（1）The manual transmission control mechanism should be equipped with a self-locking device（Fig. 2-6）to prevent automatic shifting and disengagement of the transmission.

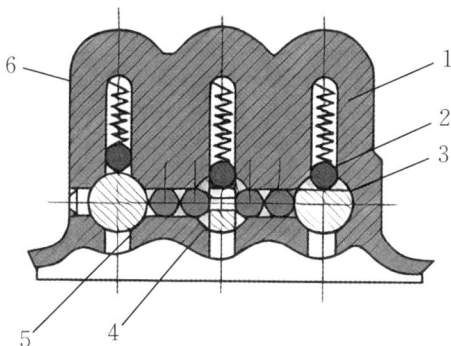

zì suǒ tán huáng　　　　　zì suǒ gāng qiú　　　　　bō chā zhóu　　　　　dǐng xiāo
1—自锁弹簧；　　2—自锁钢球；　　3—拨叉轴；　　4—顶销；
1—self-locking spring；2—self-locking ball；3—shift fork shaft；4—plunger；

hù suǒ gāng qiú　　　　biàn sù qì gài
5—互锁钢球；　　6—变速器盖。
5—interlocking ball；6—transmission cover.

tú　　　zì suǒ zhuāng zhì
图2-6　自锁装置

Fig. 2-6　Self-locking device

（2）The manual transmission control mechanism should be equipped with an interlock device to ensure that the transmission does not engage two gears simultaneously, which could cause interference and even damage to components. Interlocking principle of a ball-type interlock device is shown in Fig. 2-7.

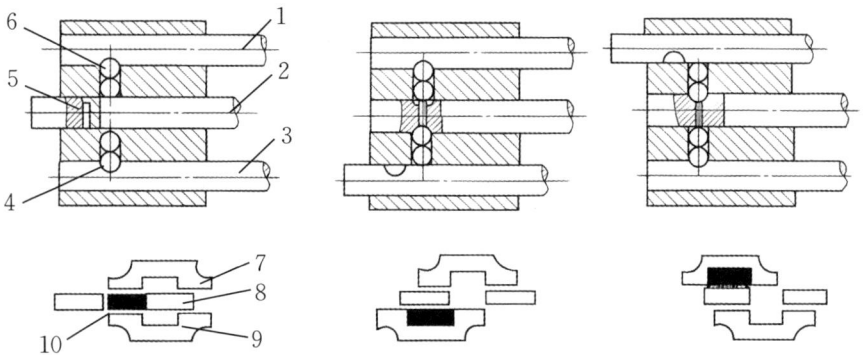

1、2、3—拨叉轴；　4、6—互锁钢球；　5—顶销；

1, 2, 3—shift fork shaft；4, 6—interlocking balls；5—plunger；

7、8、9—拨叉；　10—变速杆。

7, 8, 9—shift forks；10—shift lever.

图2-7　锁球式互锁装置互锁原理

Fig. 2-7　Interlocking principle of a ball-type interlock device

（3）The manual transmission control mechanism should be equipped with a reverse gear lock to prevent accidental engagement of the reverse gear, which could damage parts or cause accidents. Spring-loaded pin-type reverse gear lock is shown in Fig. 2-8.

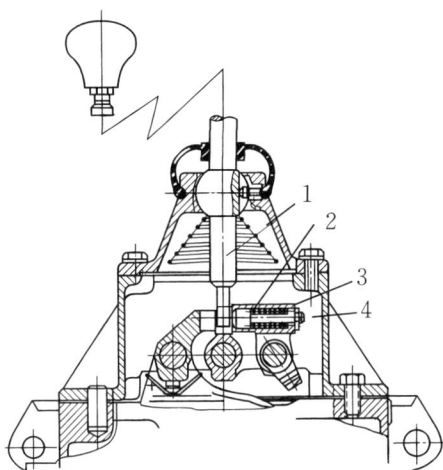

biàn sù gān　　　　dào dǎng bō kuài　　　　　　　tán huáng　　suǒ xiāo
1—变速杆；2—倒挡拨块；　　　　3—弹簧；4—锁销。

1—shift lever；2—reverse gear shift block；3—spring；4—lock pin.

tú　　　　tán huáng suǒ xiāo shì dào dǎng suǒ
图2-8　弹簧锁销式倒挡锁

Fig. 2-8　Spring-loaded pin-type reverse gear lock

biàn sù qì cháng jiàn gù zhàng zhěn duàn
（三）变速器常见故障诊断

Common fault diagnosis of transmissions

biàn sù qì cháng jiàn de gù zhàng wéi tiào dǎng　　huàn dǎng kùn nán　　luàn dǎng　　yì xiǎng jí lòu
变速器常见的故障为跳挡、换挡困难、乱挡、异响及漏

yóu děng
油等。

Common faults of transmissions include jumping out of gear, difficulty shifting, incorrect gear engagement, abnormal noise, and oil leakage.

biàn sù qì tiào dǎng
1.　变速器跳挡Jumping out of gear

gù zhàng xiàn xiàng
1）故障现象Fault phenomenon

qì chē zài jiā sù　　jiǎn sù huò pá pō shí　　biàn sù gān zì dòng tiào huí kōng dǎng wèi zhì
汽车在加速、减速或爬坡时，变速杆自动跳回空挡位置。

The gear lever automatically jumps back to the neutral position when the vehicle is accelerating, decelerating, or climbing aslope.

2）故障原因 Fault causes

（1）变速杆没有调整好或变速杆弯曲，远程控制杆机构被磨损或调整不良。

（2）拨叉轴向自由行程过大或凹槽位置不正确，拨叉轴凹槽被磨损及拨叉被磨损、变形。

（3）自锁钢球被磨损或破裂，自锁弹簧弹力不够或被折断。

（4）变速器轴、轴承被磨损、松旷或轴向间隙过大，造成轴转动时齿轮啮合不足而发生跳动和轴向窜动。

（5）齿轮或接合套被严重磨损，沿齿长方向被磨成锥形。

（6）同步器被磨损或损坏。

（7）变速器壳松动或与离合器壳未对准。

（1）The shift lever is not adjusted properly or is bent, and the remote control lever mechanism is worn or poorly adjusted.

（2）The axial free play of the shift fork shaft is too large or the groove position is incorrect, the groove of the shift fork shaft is worn, and the shift fork is worn or deformed.

（3）The self-locking ball is worn or broken, self-locking spring force is insufficient or broken.

(4) The transmission shaft and bearings are worn, or loose, or the axial clearance is too large, resulting in insufficient gear meshing during shaft rotation, causing jumping and axial movement.

(5) The gear or coupling sleeve is severely worn into a conical shape along the tooth length direction.

(6) The synchronizer is worn or damaged.

(7) The transmission case is loose or not aligned with the clutch housing.

3) 故障诊断与排除 Fault diagnosis and elimination

(1) 诊断方法：使车辆行驶，反复加速、减速，检查各挡位上变速杆是否容易脱出；当这种方法效果不明显时，可在爬陡坡等条件下将发动机制动进行检查。

(1) Diagnostic method: Drive the vehicle and repeatedly accelerate and decelerate to check whether the shift lever tends to disengage in each gear. When this method is not effective, the engine brake can be checked under conditions such as climbing steep slopes.

(2) 故障排除步骤如下。

① 发现某挡跳挡时，仍将操纵杆挂入该挡，并将发动机熄火。先检查操纵机构调整是否正确，然后再拆开变速器盖检查齿轮啮合情况和同步器啮合情况。若啮合情况不好，则应检查轴承是否被磨损、松旷，拨叉是否变形，拨

chā yǔ jiē hé tào shang de chā cáo jiàn xì shì fōu guò dà　　fōu zé yīng gēng huàn huò jiào zhèng bō

叉与接合套上的叉槽间隙是否过大，否则应更换或校正拨

chā　　ruò niè hé qíng kuàng liáng hǎo　　zé yīng jiǎn chá cáo zòng jī gòu suǒ zhǐ qíng kuàng　　ruò suǒ

叉；若啮合情况良好，则应检查操纵机构锁止情况。若锁

zhǐ bù liáng　　xū chāi xià bō chā zhóu jiǎn chá zì suǒ gāng qiú　　tán huáng　　tán huáng guò ruò

止不良，须拆下拨叉轴检查自锁钢球、弹簧，弹簧过弱、

bèi zhé duàn huò bō chā zhóu āo cáo bèi mó sǔn shí yīng yǔ yǐ gēng huàn huò xiū fù

被折断或拨叉轴凹槽被磨损时应予以更换或修复。

ruò chǐ lún niè hé hé cāo zòng jī gòu jūn liáng hǎo　　zé yīng jiǎn chá chǐ lún shì fōu

②若齿轮啮合和操纵机构均良好，则应检查齿轮是否

bèi mó chéng zhuī xíng　　yǐ jí zhóu shì fōu qián hòu yí dòng　　ruò chǐ lún bèi mó chéng zhuī xíng

被磨成锥形，以及轴是否前后移动。若齿轮被磨成锥形，

zé yīng gēng huàn　　ruò zhóu qián hòu yí dòng　　zé yīng tiáo zhěng shì dàng

则应更换；若轴前后移动，则应调整适当。

duì yú yóu biàn sù qì ké sōng dòng huò yǔ lí hé qì ké wèi duì zhǔn ér yǐn qǐ de

③对于由变速器壳松动或与离合器壳未对准而引起的

tiào dàng　　xū àn guī dìng nǐng jǐn gù dìng luó shuān

跳挡，须按规定拧紧固定螺栓。

(2) The troubleshooting steps are as follows.

①When a certain gear jumps out, keep the shift lever in that gear and turn off the engine. First, check whether the control mechanism is adjusted correctly, and then open the transmission cover to check the gear meshing and synchronizer engagement. If the meshing is not good, check whether the bearings are worn or loose, whether the shift fork is deformed, and whether the clearance between the shift fork and the fork groove on the sleeve is too large. Otherwise, the shift fork should be replaced or corrected. If the meshing is good, check the locking of the control mechanism. If the locking is not good, remove the shift fork shaft to check the self-locking ball and spring. If the spring is too weak, or broken, or the groove of the shift fork shaft is worn, it should be replaced or repaired.

②If the gear meshing and control mechanism are both good, check whether the gear is worn into a conical shape and whether the shaft moves back and forth. If the gear is worn into a conical shape, it should be replaced. If the shaft moves back and forth, it should be adjusted properly.

③ For jumping out of gear caused by a loose transmission case or misalignment with the clutch case, tighten the fixing bolts according to the regulations.

2. 变速器换挡困难 Difficulty Shifting

1）故障现象 Fault phenomenon

在进行正常变速操作时，变速杆不能挂入挡位，或者勉强挂上挡后又很难摘下来。

During normal shifting operations, the shift lever can not be engaged into gear, or it is difficult to disengage after being forced into gear.

2）故障原因 Fault causes

（1）变速杆下端被磨损或控制杆弯曲。

（2）拨叉或拨叉轴被磨损、松旷、弯曲。

（3）自锁或互锁弹簧过硬、钢球损伤。

（4）同步器不良（被磨损或损坏）。

（5）变速器轴弯曲变形或花键损伤。

（1）The lower end of the shift lever is worn or the control rod is bent.

（2）The shift fork or shift fork shaft is worn, loose, or bent.

（3）The self-locking or interlocking spring is too stiff, or the ball is damaged.

（4）The synchronizer is faulty（worn or damaged）.

（5）the transmission shaft is bent or the splines are damaged.

3）故障诊断与排除 Fault diagnosis and elimination

（1）诊断方法：首先应检查离合器分离状态是否正常，若正常则使发动机怠速运转，踩下离合器踏板，试进行各挡位变速动作，检查变速杆是否卡滞、沉重等；当用这种方法不易判断时，可进行实车行驶试验。

（1）Diagnostic method：First，check whether the clutch disengagement is normal. If it is normal，let the engine idle，depress the clutch pedal，and try to shift gears to check whether the shift lever is stuck or heavy. When it is difficult to judge with this method，a road test can be conducted.

（2）故障排除步骤如下。

① 车辆行驶时发生换挡困难现象，首先检查离合器能否分离彻底，操纵机构能否工作。

② 若上述情况良好，则应拆开变速器盖，检查拨叉是否弯曲，如果弯曲应校正或更换。如果拨叉轴与导向孔锈蚀，可用较细的砂纸光磨。

③ 检查自锁和互锁装置是否良好，若不良应予以更换。

④ 检查拨叉的固定螺栓是否松动，若松动应予以紧固。

⑤ 检查变速器轴花键损伤情况或轴弯曲情况，酌情给

yǔ xiū fù huò gēng huàn
予修复或更换。

jiǎn chá tóng bù qì mó sǔn huò sǔn huài qíng kuàng   yǐ bān kě jiǎn chá tóng bù qì de
⑥ 检查同步器磨损或损坏情况，一般可检查同步器的

yǐ xià jǐ gè fāng miàn
以下几个方面：

tóng bù huán yǔ zhuī tǐ jiē chù zhuàng tài jí zhì dòng zuò yòng   zài zhuī tǐ shang tú chǐ lún
a.同步环与锥体接触状态及制动作用：在锥体上涂齿轮

yóu   zài bǎ tóng bù huán tuī shàng zhuī tǐ bìng huí zhuǎn   ruò tóng bù huán yǔ zhuī tǐ kě jǐn mì
油，再把同步环推上锥体并回转，若同步环与锥体可紧密

jiē hé zé wéi liáng hǎo
接合则为良好。

tóng bù huán yóu cáo yǔ zhuī tǐ de mó sǔn zhuàng tài   cè liáng tóng bù huán tuī dào zhuī tǐ
b.同步环油槽与锥体的磨损状态：测量同步环推到锥体

shàng hòu de jiàn xì   ruò gāi zhí yǔ guī dìng zhí xiāng děng zé wéi liáng hǎo
上后的间隙，若该值与规定值相等则为良好。

tóng bù huán yǔ jiē hé tào ān zhuāng miàn de wèi zhì guān xì shì fǒu zhèng què
c.同步环与接合套安装面的位置关系是否正确。

gēn jù tóng bù qì sǔn huài de bù wèi zhuó qíng gēng huàn líng jiàn huò zhěng tǐ gēng huàn
根据同步器损坏的部位酌情更换零件或整体更换。

（2）The troubleshooting steps are as follows.

①When difficulty shifting occurs during driving, first check whether the clutch can be disengaged completely and whether the control mechanism can work.

②If the above conditions are good, open the transmission cover and check whether the shift fork is bent. If it is bent, straighten or replace it. If the shift fork shaft and the guide hole are rusted, they can be polished with fine sandpaper.

③Check whether the self-locking and interlocking devices are good. If not, replace them.

④Check whether the fixing bolts of the shift fork are loose. If they are loose, tighten them.

⑤Check the damage of the transmission shaft splines or the bending of the shaft, and repair or replace them as appropriate.

⑥ Check the wear or damage of the synchronizer. Generally, the following aspects of the synchronizer can be checked :

a. Contact status and the braking effect of the synchronizer ring and cone : Apply gear oil to the cone, then push the synchronizer ring onto the cone and rotate it. If the ring and cone can be tightly engaged, it is good.

b. Wear status of the synchronizer ring oil groove and cone : Measure the clearance after the synchronizer ring is pushed onto the cone. If the value is equal to the specified value, it is good.

c. Whether the positional relationship between the synchronizer ring and the mounting surface of the sleeve is correct.

Replace parts or the whole synchronizer according to the damaged part.

3. 变速器乱挡 Incorrect gear engagement

1）故障现象 Fault phenomenon

在离合器技术状况正常的情况下，变速器同时挂上两个挡或虽能挂上挡，却不能挂入所需要的挡位，或者挂入后不能退出。

When the clutch is in good technical condition, the transmission engages two gears at the same time, or it can engage a gear but not the desired gear or it cannot be disengaged after engagement.

2）故障原因 Fault causes

主要故障原因为变速操纵机构失效。

（1）变速杆球头定位销被磨损、折断或球孔、球头被

mó sǔn　　sōng kuàng
磨损、松旷。

bō chā cáo hù suǒ xiāo　　qiú mó sǔn yán zhòng huò lòu zhuāng
（2）拨叉槽互锁销、球磨损严重或漏装。

The main fault cause is the failure of the transmission control mechanism.

（1）The positioning pin of the shift lever ball head is worn, or broken, or the ball hole and ball head are worn and loose.

（2）The shift fork groove interlock pin and ball are severely worn or missing.

gù zhàng zhěn duàn yǔ pái chú
3）故障诊断与排除 Fault diagnosis and elimination

zhěn duàn fāng fǎ　　shǐ chē liàng xíng shǐ　　cāo zòng biàn sù gǎn jìn xíng huàn dǎng shì
（1）诊断方法：使车辆行驶，操纵变速杆进行换挡试

yàn　　jiǎn chá shì fǒu yǒu tóng shí guà shàng liǎng gè dǎng huò guà shàng de dǎng wèi bù shì suǒ xū yào
验，检查是否有同时挂上两个挡或挂上的挡位不是所需要

de dǎng wèi qíng kuàng
的挡位情况。

（1）Diagnostic method: Drive the vehicle and operate the shift lever to shift gears to check whether two gears are engaged at the same time or the engaged gear is not the desired gear.

gù zhàng pái chú bù zhòu rú xià
（2）故障排除步骤如下。

dǎng yào guà xū yào dǎng wèi　　jié guǒ guà rù bié de dǎng wèi shí　　yīng jiǎn chá biàn
① 当要挂需要挡位，结果挂入别的挡位时，应检查变

sù gǎn bǎi zhuàn jiǎo dù　　ruò qí néng rèn yì bǎi　　qiě néng dǎ quān　　zé gù zhàng wéi dìng wèi
速杆摆转角度。若其能任意摆，且能打圈，则故障为定位

xiāo sǔn huài huò shī xiào　　xū gēng huàn dìng wèi xiāo　　tiáo zhěng biàn sù gǎn
销损坏或失效，需更换定位销，调整变速杆。

ruò biàn sù gǎn bǎi zhuàn jiǎo zhèng cháng　　réng guà bù shàng huò zhāi bù xià dǎng　　zé gù
② 若变速杆摆转角正常，仍挂不上或摘不下挡，则故

zhàng duō wéi biàn sù gǎn xià duān gōng zuò miàn bèi mó sǔn huò dǎo cáo bèi mó sǔn　　shǐ biàn sù gǎn
障多为变速杆下端工作面被磨损或导槽被磨损，使变速杆

xià duān cóng dǎo cáo zhōng tuō qù　　yīng yǔ yǐ xiū fù huò gēng huàn
下端从导槽中脱去，应予以修复或更换。

rùo tóng shí guà shàng liǎng gè dǎng　　zé gù zhàng wéi hù suǒ zhuāng zhì bèi mó sǔn huò lòu
③ 若同时挂上两个挡，则故障为互锁装置被磨损或漏

zhuāng líng jiàn　　yīng jìn xíng líng jiàn gēng huàn huò ān zhuāng
装零件，应进行零件更换或安装。

（2）The troubleshooting steps are as follows.

① When the desired gear cannot be engaged, but another gear is engaged instead, check the swing angle of the shift lever. If it can swing freely and make a circle, the fault is that the positioning pin is damaged or invalid, and the positioning pin needs to be replaced and the shift lever adjusted.

② If the swing angle of the shift lever is normal, but the gear still cannot be engaged or disengaged, the fault is mostly that the working surface of the lower end of the shift lever is worn or the guide groove is worn, causing the lower end of the shift lever to come off the guide groove. It should be repaired or replaced.

③ If two gears are engaged at the same time, the fault is that the interlock device is worn or parts are missing, and parts should be replaced or installed.

rèn wu shí shī
任务实施Teaching Task

biàn sù qì de jiǎn xiū
变速器的检修Transmission Overhaul

shí shī mù dì
一、实施目的Objectives

huì miáo shù biàn sù qì de jié gòu
（1）会描述变速器的结构。

néng shuō chū qì chē biàn sù qì gè zǔ chéng bù fen de zuò yòng
（2）能说出汽车变速器各组成部分的作用。

（1）Describe the structure of a transmission.

（2）Explain the functions of each component of an automotive transmission.

jì néng xùn liàn zhǔn bèi
二、技能训练准备 Preparation for Skills Training

suǒ xū shè bèi　　gōng　　liáng　　jù jí cái liào
（一）所需设备、工（量）具及材料

Required Equipment，Tools，and Materials

shí xùn yòng chē liàng　　wéi xiū shǒu cè　　chāi zhuāng gōng jù　　jiǎn cè liáng jù　　qián gé
实训用车辆、维修手册、拆装工具、检测量具、前格

zhà bù　　yì zǐ bǎn bù　　chē nèi fáng hù sān jiàn tào　　chē lún dǎng kuài děng
栅布、翼子板布、车内防护三件套、车轮挡块等。

Training vehicle，repair manual，disassembly and assembly tools，inspection and measuring tools，front grille cover，fender cover，car interior protective set，wheel chocks，etc.

ān quán fáng hù yòng pǐn
（二）安全防护用品 Safety Protective Equipment

biāo zhǔn zuò yè gōng zhuāng　　ān quán xié　　hù mù jìng　　shǒu tào děng
标准作业工装、安全鞋、护目镜、手套等。

Standard work clothes，safety shoes，goggles，gloves，etc.

qì chē xìn xī shōu jí
（三）汽车信息收集 Vehicle Description

chē pái hào mǎ
车牌号码：＿＿＿＿＿＿＿＿＿＿＿＿＿＿＿＿＿

License Plate Number：＿＿＿＿＿＿＿＿＿＿＿＿

chē liàng xíng hào
车辆型号：＿＿＿＿＿＿＿＿＿＿＿＿＿＿＿＿＿

Vehicle Model：＿＿＿＿＿＿＿＿＿＿＿＿＿＿

mǎ
VIN 码：＿＿＿＿＿＿＿＿＿＿＿＿＿＿＿＿＿＿

VIN： _____

行驶里程： _____

Mileage： _____

三、技术规范与注意事项

Technical Specifications and Precautions

（1）严禁违规操作，注意穿戴好防护用具。

（2）使用维修手册时，要注意资料应与使用车辆型号相对应。

（3）要遵守维修手册规定的其他技术和安全要求。

（1）Strictly prohibit unauthorized operations. Wear appropriate protective gear.

（2）When using the repair manual, ensure the information matches the vehicle model being worked on.

（3）Comply with all other technical and safety requirements specified in the repair manual.

四、实施步骤及方法

Implementation Steps and Methods

（一）检修作业的准备及预检

Preparation and pre-inspection for the repair work

1. 一般准备工作 General Preparation

（1）与小组成员共同清洁场地。　　　□任务完成

qīng diǎn suǒ xū gōng jù 　　liáng jù shù liàng hé zhǒng lèi
（2）清点所需工具、量具数量和种类。 □任务完成

jiǎn chá shè bèi　　gōng jù　　liáng jù xìng néng shì fǒu liáng hǎo
（3）检查设备、工具、量具性能是否良好。 □任务完成

（1）Clean the work area together with group members.

□ Task Completed

（2）Verify the quantity and types of required tools and measuring instruments. □ Task Completed

（3）Inspect the condition of the equipment, tools, and measuring instruments to ensure they are in good working order.

□ Task Completed

2. ān quán fáng hù zhǔn bèi gōng zuò
安全防护准备工作Safety preparation

ān zhuāng chē lún dǎng kuài zǔ dǎng chē lún
（1）安装车轮挡块阻挡车轮。 □任务完成

shǐ yòng kōng dǎng hé zhù chē zhì dòng
（2）使用空挡和驻车制动。 □任务完成

ān zhuāng hǎo qián gé zhà bù jí hù tào
（3）安装好前格栅布及护套。 □任务完成

（1）Install wheel chocks to block the wheels. □ Task Completed

（2）Use neutral gear and parking brakes. □ Task Completed

（3）Install front grille cloth and protective covers.

□ Task Completed

3. fā dòng jī jī cāng yù jiǎn
发动机机舱预检

Engine compartment pre-inspection

jiǎn chá fā dòng jī lěng què yè yè wèi
（1）检查发动机冷却液液位。 □正常 □不正常

jiǎn chá fā dòng jī jī yóu yè wèi
（2）检查发动机机油液位。 □正常 □不正常

（3）检查制动液液位。 $\square$ 正常 $\square$ 不正常

（4）检查刮水器、喷洗器液面。 $\square$ 正常 $\square$ 不正常

（1）Check engine coolant level. $\square$ Normal $\square$ Abnormal

（2）Check engine oil level. $\square$ Normal $\square$ Abnormal

（3）Check brake fluid level. $\square$ Normal $\square$ Abnormal

（4）Check the wiper and washer fluid level.

$\square$ Normal $\square$ Abnormal

（二）手动变速器油液检查

Manual transmission fluid inspection

1. 手动变速器油质检查 Manual transmission fluid quality inspection					
检查 项目 Inspection Item	液位检查情况 Fluid Level Inspection	检查结果 Result	检查项目 Inspection Item	检查 情况 Inspection Status	检查结果 Result
油液 Fluid	太低 $\square$ 太高 $\square$ 无 $\square$ Too Low $\square$ Too High $\square$ None $\square$	正常 $\square$ 异常 $\square$ Normal $\square$ Abnormal $\square$	变速器 油质 Transmission Fluid Quality	合格 $\square$ 不合格 $\square$ Pass $\square$ Fail $\square$	正常 $\square$ 异常 $\square$ Normal $\square$ Abnormal $\square$

（续表）

shǒu dòng biàn sù　qì yóu xiè lòu qíng kuàng jiǎn chá 2. 手动变速器油泄漏情况检查 Manual Transmission Fluid Leakage Inspection			
jiǎn chá xiàng mù 检查项目 Inspection Item	xiè lòu jiǎn chá qíng kuàng 泄漏检查情况 Leakage Inspection	xiè lòu bù jiàn 泄漏部件 míng chēng 名　称 Leaking Component Name	wéi xiū cuò shī 维修措施 Repair Measures
shǒu dòng biàn sù qì yóu 手动变速器油 Manual Transmission Fluid	xiè lòu 泄漏□　　正　常□ Leak□ Normal □	qián bàn zhóu yóu fēng 前半轴油封 Front Axle Seal	gèng huàn tiáo zhěng 更　换□　调　整□ jǐn gù wú 紧　固□　无□ Replace□ Adjust □ Tighten□ None □

<table>
<tr><td colspan="3">chá xún yòng hù shǒu cè hé wéi xiū shǒu cè　　wán chéng shǒu dòng biàn sù　qì yóu de gèng huàn
3. 查询用户手册和维修手册，完成手动变速器油的更换
Consult the owner's manual and repair manual to complete the manual
transmission fluid change</td></tr>
</table>

zuò yè xiàng mù 作业项目 Maintenance Item	wéi xiū zī liào 维修资料 Maintenance Information	
shǒu dòng biàn sù qì yóu 手动变速器油 gèng huàn 更　换 Manual Transmission Fluid Change	biàn sù qì yóu lèi xíng 变速器油类型 Transmission Fluid Type	biàn sù qì yóu gèng huàn 变速器油更换 zhōu qī 周期 Transmission Fluid Change Interval
	biàn sù qì yóu róng liàng 变速器油容量 Transmission Fluid Capacity	fàng yóu luó shuān niǔ lì 放油螺栓扭力 Drain Plug Torque

评价与反馈 Evaluation and Feedback

bān jí　　　　xìng míng　　　　zhǐ dǎo jiào shī
班级＿＿＿＿＿　姓名＿＿＿＿＿　指导教师＿＿＿＿＿
Class＿＿＿＿＿　Name＿＿＿＿＿　Instructor＿＿＿＿＿

kǎo hé 考核 xiàng mù 项目 Items	kǎo hé nèi róng 考核内容 Content		pèi fēn 配分/ fēn 分 Total	kǎo hé biāo zhǔn 考核标准 Assessment Criteria	dé fēn 得分/ fēn 分 Score
jì néng 技能 kǎo hé 考核 Skill Asse-ssment	zhǔn bèi 准备 Preparation	qīng diǎn gōng jù 清点工具、 liáng jù，qīng lǐ gōng wèi 量具，清理工位 Inventory of tools and measuring instruments；Clean up workspace	1	wèi zuò bù dé fēn 未做不得分 Not done： 0 points	
		qīng jié shè bèi wài guān 清洁设备外观 Clean equipment exterior	1	wèi zuò bù dé fēn 未做不得分 Not done： 0 points	
		jiǎn chá diàn yuán kāi guān 检查电源开关 Check power switch	1	wèi zuò bù dé fēn 未做不得分 Not done： 0 points	
		ān zhuāng gè zhǒng fáng hù tào 安装各种防护套 Install protective covers	2	wèi zuò bù dé fēn 未做不得分 Not done： 0 points	

（续表）

考核项目 Items		考核内容 Content	配分/分 Total	考核标准 Assessment Criteria	得分/分 Score
技能 考核 Skill Asse-ssment	准备 Preparation	发动机机舱预检 Engine bay pre-inspection	5	操作不正确 扣1~5分 Incorrect operation: deduct 1~5 points	
	变速器油液检查 Transmission Fluid Inspection	手动变速器油质检查 Manual transmission fluid quality inspection	10	操作不正确 扣1~10分 Incorrect operation: deduct 1~10 points	
		手动变速器油泄露情况检查 Manual transmission fluid leakage inspection	10	操作不正确 扣1~10分 Incorrect operation: deduct 1~10 points	

（续表）

考核项目 Items	考核内容 Content		配分/分 Total	考核标准 Assessment Criteria	得分/分 Score
技能考核 Skill Assessment	变速器油液检查 Transmission Fluid Inspection	手动变速器油的更换 Manual transmission fluid change	10	操作不正确扣1~10分 Incorrect operation：deduct 1~10 points	

出勤/纪律、安全/防护/环保、知识水平、学习能力考核项目部分见附录一。

总结与反思见附录二。

Attendance / discipline, safety / protection / environment, knowledge level, and learning ability assessment items are detailed in the Appendix 1.

Summaries and Reflections are detailed in the Appendix 2.

任务三 TASK 3

驱动桥的构造与维修

Construction and Maintenance of Drive Axles

rèn wu mù biāo
任务目标 Task Objects

mù biāo lèi xíng 目标类型 Object types	mù biāo yāo qiú 目标要求 Contents
zhī shi mù biāo 知识目标 Knowledge object	zhǎng wò zhǔ jiǎn sù qì de jié gòu lèi xíng (1) 掌握主减速器的结构、类型； Acquire knowledge about the structure and types of the final drive； zhǎng wò chā sù qì de zǔ chéng lèi xíng jié gòu tè diǎn (2) 掌握差速器的组成、类型、结构特点； Acquire knowledge about the composition, types, and structural characteristics of the differential； zhǎng wò bàn zhóu hé qiáo ké de gòu zào (3) 掌握半轴和桥壳的构造。 Acquire knowledge about the structure of the axle shafts and axle housing.
jì néng mù biāo 技能目标 Practice object	zhǎng wò qū dòng qiáo zài qì chē shang de ān zhuāng yāo qiú jí qí zhù (1) 掌握驱动桥在汽车上的安装要求及其注 yì shì xiàng 意事项； Keep in mind the installation requirements and precautions of the drive axle on the vehicle； néng gòu zhèng què pái chú qū dòng qiáo cháng jiàn gù zhàng (2) 能够正确排除驱动桥常见故障； Have the ability to correctly troubleshoot common drive axle faults； zhǎng wò qū dòng qiáo de chāi zhuāng bù zhòu jí jì shù yāo qiú (3) 掌握驱动桥的拆装步骤及技术要求。 Master the disassembly and assembly steps and technical requirements of the drive axle.

（续表）

mù biāo lèi xíng 目标类型 Object types	mù biāo yāo qiú 目标要求 Contents
pǐn gé mù biāo 品格目标 Competence object	(1) péi yǎng xué shēng zì zhǔ tàn jiū de xué xí xí guàn 培养学生自主探究的学习习惯； Cultivate students' habit of independent learning and exploration； (2) péi yǎng xué shēng ān quán cāo zuò de yì shí 培养学生安全操作的意识。 Cultivate students' awareness of safe operation.

rèn wu miáo shù
任务描述 Task Description

yī liàng hóng qí jiào chē　zài yī cì dī sù xíng shǐ zhōng　tū rán jù liè piān xiàng yòu
一辆红旗轿车，在一次低速行驶中，突然剧烈偏向右

biān zhuǎn xiàng bìng qiǎ sǐ　xìng hǎo chē sù dī　jià shǐ rén cǎi qǔ guǒ duàn cuò shī　zài jǐn
边转向并卡死。幸好车速低，驾驶人采取果断措施，在紧

jí zhì dòng de tóng shí guān bì diǎn huǒ kāi guān jiāng fā dòng jī xī huǒ　cái bì miǎn le yī qǐ
急制动的同时关闭点火开关将发动机熄火，才避免了一起

chē huò　dāng shí　rén men rèn wéi zhè shì zhuǎn xiàng jī gù zhàng　chāi chú zhuǎn xiàng jī gòu fā
车祸。当时，人们认为这是转向机故障，拆除转向机构发

xiàn zhuǎn xiàng jī bìng wú gù zhàng　zhǐ hǎo qǐng lái xiū lǐ rén yuán bāng zhù jiǎn chá bìng pái chú
现转向机并无故障，只好请来修理人员帮助检查并排除

gù zhàng
故障。

A Hongqi sedan suddenly veered sharply to the right and locked up during low-speed driving. Fortunately, the driver took decisive measures to avoid an accident by braking and turning off the ignition to shut down the engine. At the time, people thought it was a steering gear failure. However, after removing the steering mechanism, they found no fault with the steering gear and had to ask a mechanic for help to inspect and troubleshoot.

任务分析 Task Analysis
rèn wu fēn xī

逐步检查该车前桥，发现故障发生在转向驱动桥上。

原来是该车转向驱动桥右侧万向节的钢球槽磨损过甚，

导致传动钢球在行驶中移位，钢球偏离了球关节传动钢

球滚道的环形槽而偏侧移动，直接将球关节卡住不能移

动，从而发生转向偏向一侧卡住不能复位的情况。针对

故障原因，更换转向驱动桥总成后，该车故障被根除。

After a step-by-step inspection of the front axle, the fault was found to be in the steering drive axle. The steel ball groove of the right universal joint of the steering drive axle was excessively worn, causing the transmission steel ball to shift during driving. The steel ball deviated from the annular groove of the ball joint transmission steel ball raceway and moved laterally, directly jamming the ball joint and preventing it from moving, resulting in the steering being biased to one side and unable to reset. The fault was eliminated by replacing the steering drive axle assembly.

相关知识 Relevant Knowledge
xiāng guān zhī shi

一、驱动桥的结构类型
qū dòng qiáo de jié gòu lèi xíng

Structure Types of Drive Axles

（一）驱动桥的作用 Function of the drive axle
qū dòng qiáo de zuò yòng

驱动桥位于汽车传动系统的末端，主要由主减速器、

差速器、半轴和驱动桥壳等组成。其作用如下：

（1）将万向传动装置传来的发动机转矩通过主减速器、差速器、半轴等传到驱动车轮上，从而降低转速、增大转矩；

（2）通过主减速器圆锥齿轮副改变转矩的传递方向；

（3）通过差速器实现两侧车轮差速作用，保证内外侧车轮以不同转速转向。

The drive axle is located at the end of the vehicle transmission system and is mainly composed of the final drive, differential, axle shafts, and drive axle housing. Its functions are as follows：

（1）Transmit the engine torque from the universal joint through the final drive, differential, and axle shafts to the drive wheels, thereby reducing the speed and increasing the torque；

（2）Change the transmission direction of the torque through the final drive bevel gear pair；

（3）Achieve differential action between the two wheels through the differential, ensuring that the inner and outer wheels turn at different speeds.

（二）驱动桥的类型 Types of drive axles

驱动桥按结构形式可分为非断开式驱动桥和断开式驱动桥两种。

Drive axles can be divided into two types according to their

structural form: non-disconnected drive axles and disconnected drive axles.

1. 非断开式驱动桥 Non-disconnected drive axle
fēi duàn kāi shì qū dòng qiáo

fēi duàn kāi shì qū dòng qiáo yě chēng wéi zhěng tǐ shì qū dòng qiáo　　dāng qū dòng lún cǎi yòng fēi
非断开式驱动桥也称为整体式驱动桥。当驱动轮采用非

dú lì xuán jià shí　　qū dòng qiáo cǎi yòng fēi duàn kāi shì　　qí tè diǎn shì bàn zhóu tào guǎn yǔ
独立悬架时，驱动桥采用非断开式。其特点是半轴套管与

zhǔ jiǎn sù qì lián chéng yì tǐ　　zhěng gè qū dòng qiáo tōng guò tán xìng xuán jià yǔ chē jià xiāng lián
主减速器连成一体，整个驱动桥通过弹性悬架与车架相连，

liǎng cè chē lún hé bàn zhóu bù néng zài héng xiàng píng miàn nèi zuò xiāng duì yùn dòng　　fēi duàn kāi shì
两侧车轮和半轴不能在横向平面内做相对运动。非断开式

qū dòng qiáo píng miàn tú rú tú　　　suǒ shì　　qí lì tǐ tú rú tú　　　suǒ shì
驱动桥平面图如图3-1所示，其立体图如图3-2所示。

The non-disconnected drive axle is also called a solid drive axle. When the drive wheels use a non-independent suspension, the drive axle is non-disconnected. Its characteristic is that the axle shaft housing is integrated with the final drive, and the entire drive axle is connected to the frame through an elastic suspension. The two wheels and axle shafts cannot move relative to each other in the transverse plane. Plan view of a non-disconnected drive axle is shown in Fig. 3-1, and three-dimensional view of a non-disconnected drive axle is shown in Fig. 3-2.

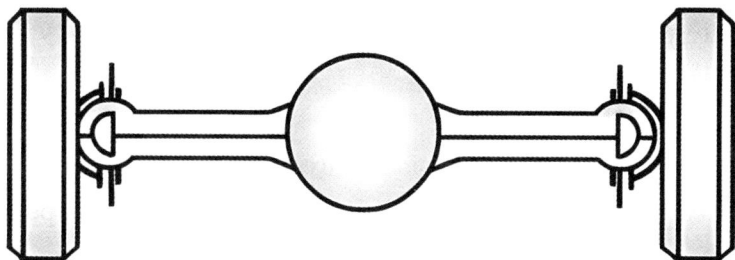

tú　　　　fēi duàn kāi shì qū dòng qiáo píng miàn tú
图3-1　非断开式驱动桥平面图

Fig. 3-1　Plan view of a non-disconnected drive axle

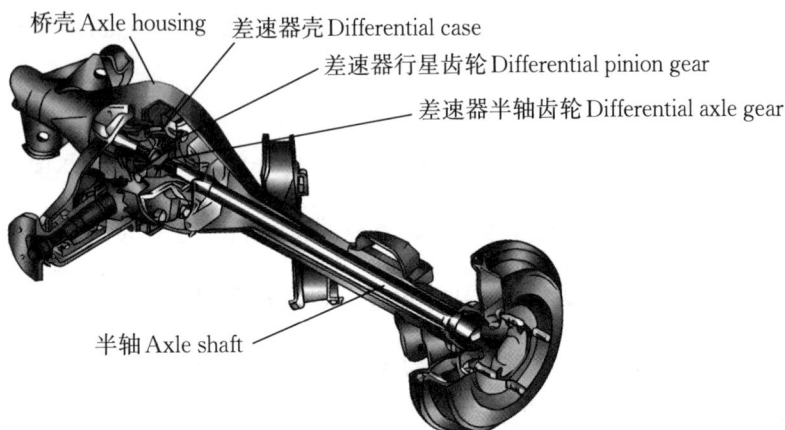

桥壳 Axle housing　　差速器壳 Differential case

差速器行星齿轮 Differential pinion gear

差速器半轴齿轮 Differential axle gear

半轴 Axle shaft

tú   fēi duàn kāi shì qū dòng qiáo lì tǐ tú
图3-2　　非断开式驱动桥立体图

Fig. 3-2　Three-dimensional view of a non-disconnected drive axle

duàn kāi shì qū dòng qiáo
2. 断开式驱动桥 Disconnected drive axle

dāng qū dòng lún cǎi yòng dú lì xuán jià shí　　liǎng cè de qū dòng lún fēn bié tōng guò tán xìng
当驱动轮采用独立悬架时，两侧的驱动轮分别通过弹性

xuán jià yǔ chē jià xiāng lián　　liǎng chē lún kě bǐ cǐ dú lì de xiāng duì yú chē jià shàng xià tiào
悬架与车架相连，两车轮可彼此独立地相对于车架上下跳

dòng　　yǔ cǐ xiāng duì yīng　　zhǔ jiǎn sù qì ké gù dìng zài chē jià shang　　bàn zhóu yǔ chuán dòng
动。与此相对应，主减速器壳固定在车架上，半轴与传动

zhóu tōng guò wàn xiàng jié jiǎo jiē　　chuán dòng zhóu yòu tōng guò wàn xiàng jié yǔ qū dòng lún jiǎo jiē
轴通过万向节铰接，传动轴又通过万向节与驱动轮铰接。

zhè zhǒng qū dòng qiáo bèi chēng wéi duàn kāi shì qū dòng qiáo　　qí píng miàn tú rú tú　　　suǒ shì
这种驱动桥被称为断开式驱动桥，其平面图如图3-3所示，

qí lì tǐ tú rú tú　　　suǒ shì
其立体图如图3-4所示。

When independent suspension is used for the drive wheels, each drive wheel is connected to the frame through an elastic suspension, allowing the wheels to move independently of each other relative to the frame. Correspondingly, the final drive housing is fixed to the frame, and the axle shafts are connected to the drive shaft through universal joints,

which in turn are connected to the drive wheels through universal joints. This type of drive axle is called a disconnected drive axle. Plan view of a disconnected drive axle is shown in Fig. 3-3, and three-dimensional view of a disconnected drive axle is shown in Fig. 3-4.

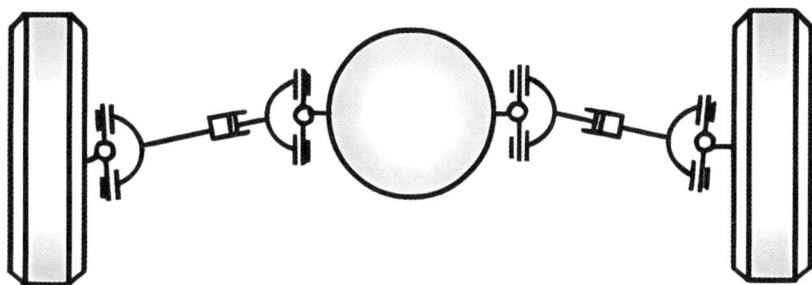

tú
图3-3　断开式驱动桥平面图
duàn kāi shì qū dòng qiáo píng miàn tú

Fig. 3-3　Plan view of a disconnected drive axle

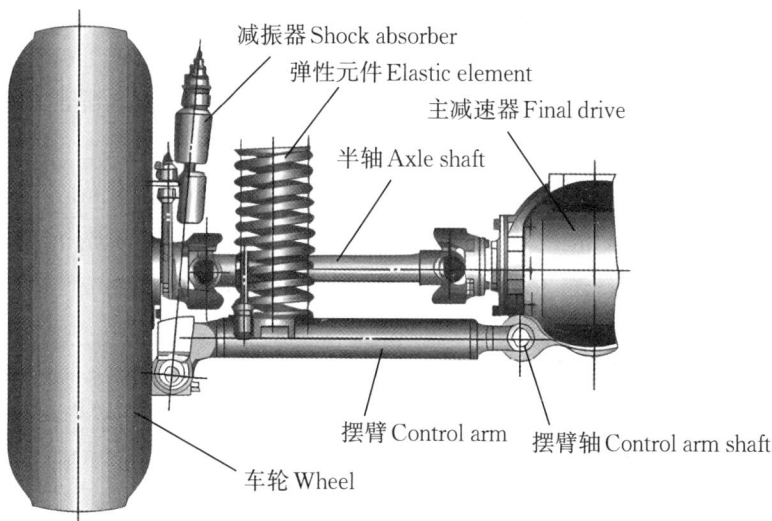

减振器 Shock absorber

弹性元件 Elastic element

主减速器 Final drive

半轴 Axle shaft

摆臂 Control arm

摆臂轴 Control arm shaft

车轮 Wheel

tú
图3-4　断开式驱动桥立体图
duàn kāi shì qū dòng qiáo lì tǐ tú

Fig. 3-4　Three-dimensional view of a disconnected drive axle

qū dòng qiáo de zǔ chéng

二、驱动桥的组成 Components of the Drive Axle

zhǔ jiǎn sù qì

（一）主减速器 Final drive

gōng yòng
1. 功用 Function

zhǔ jiǎn sù qì yóu yī duì dà xiǎo niè hé de xié chǐ lún gòu chéng xiǎo chǐ lún yǔ shū chū
主减速器由一对大小啮合的斜齿轮构成，小齿轮与输出

zhóu zhì chéng yī tǐ dà chǐ lún tōng guò luó shuān yǔ chā sù qì de wài ké lián zài yī qǐ
轴制成一体，大齿轮通过螺栓与差速器的外壳连在一起，

bìng yǔ chā sù qì tóng zhuāng yú qū dòng ké tǐ nèi
并与差速器同装于驱动壳体内。

zhǔ jiǎn sù qì de gōng yòng shì jiāng shū rù de zhuàn jǔ zēng dà bìng xiāng yìng jiàng dī zhuàn sù
主减速器的功用是将输入的转矩增大并相应降低转速，

dāng fā dòng jī zòng zhì shí hái jù yǒu gǎi biàn zhuàn jǔ xuán zhuǎn fāng xiàng de zuò yòng
当发动机纵置时还具有改变转矩旋转方向的作用。

The final drive consists of a pair of meshing bevel gears, with the smaller pinion gear integrated with the output shaft and the larger gear connected to the differential housing by means of bolts. Both are housed within the drive axle housing.

The function of the final drive is to increase the input torque and correspondingly reduce the speed. When the engine is longitudinally mounted, it also serves to change the direction of torque rotation.

zhǔ jiǎn sù qì de lèi xíng
2. 主减速器的类型 Types of Final Drives

wèi le mǎn zú bù tóng de shǐ yòng yāo qiú zhǔ jiǎn sù qì de jié gòu xíng shì yě yǒu suǒ
为了满足不同的使用要求，主减速器的结构形式也有所

bù tóng
不同。

àn cān yù jiǎn sù chuán dòng de chǐ lún fù shù mù fēn zhǔ jiǎn sù qì yǒu dān jí zhǔ jiǎn
按参与减速传动的齿轮副数目分，主减速器有单级主减

sù qì hé shuāng jí zhǔ jiǎn sù qì zài shuāng jí zhǔ jiǎn sù qì zhōng ruò dì èr jí jiǎn sù
速器和双级主减速器。在双级主减速器中，若第二级减速

qì chǐ lún yǒu liǎng duì　　bìng fēn zhì yú liǎng cè chǐ lún fù jìn　　　shí jì shàng wéi dú lì bù
器齿轮有两对，并分置于两侧齿轮附近，实际上为独立部
jiàn　　zé shuāng jí zhǔ jiǎn sù qì bèi chēng wéi lún biān jiǎn sù qì
件，则双级主减速器被称为轮边减速器。

àn zhǔ jiǎn sù qì chuán dòng bǐ dǎng shù fēn　　zhǔ jiǎn sù qì yǒu dān sù shì hé shuāng sù
按主减速器传动比挡数分，主减速器有单速式和双速
shì　　qián zhě de chuán dòng bǐ shì gù dìng de　　hòu zhě yǒu liǎng gè chuán dòng bǐ gòng jià shǐ rén
式。前者的传动比是固定的，后者有两个传动比供驾驶人
xuǎn zé　　yǐ shì yìng bù tóng xíng shì tiáo jiàn de xū yào
选择，以适应不同形式条件的需要。

àn chǐ lún fù jié gòu fēn　　zhǔ jiǎn sù qì yǒu yuán zhù chǐ lún shì　　yòu kě fēn wéi zhóu
按齿轮副结构分，主减速器有圆柱齿轮式（又可分为轴
xiàn gù dìng shì　　zhóu xiàn xuán zhuǎn shì jí xíng xíng chǐ lún shì　　yuán zhuī chǐ lún shì hé zhǔn shuāng
线固定式、轴线旋转式及行星齿轮式）、圆锥齿轮式和准双
qū miàn chǐ lún shì
曲面齿轮式。

To meet different requirements, final drives come in various structural forms.

Based on the number of gear pairs involved in speed reduction, there are single-stage and double-stage final drives. In a double-stage final drive, if there are two pairs of gears in the second-stage reduction gear, located near the two side gears and essentially independent components, the double-stage final drive is called a hub reduction gear.

Based on the number of gear ratios, there are single-speed and two-speed final drives. The former has a fixed gear ratio, while the latter offers two gear ratios for the driver to choose from, adapting to different driving conditions.

Based on the gear pair structure, there are spur gear type (which can be further divided into fixed axis type, rotating axis type, and planetary gear type), bevel gear type, and hypoid gear type.

1）单级主减速器 Single-stage final drive

单级主减速器（图3-5）就是一个主动锥齿轮和一个从动锥齿轮。主动锥齿轮连接传动轴，顺时针旋转；从动锥齿轮贴在其右侧，啮合点向下转动，与车轮前进方向一致。主动锥齿轮直径小，从动锥齿轮直径大，从而可达到减速的目的。主减速器总成如图3-6所示。

Single-stage final drive（Fig. 3-5）consists of a driving pinion gear and a driven ring gear. The driving pinion gear is connected to the drive shaft and rotates clockwise. The driven ring gear is located on its right side, meshing downwards and rotating in the same direction as the wheel's forward motion. The driving pinion gear has a smaller diameter than the driven ring gear, thus achieving speed reduction. Final drive assembly is shown in Fig. 3-6.

图3-5　单级主减速器

Fig. 3-5　Single-stage final drive

从动锥齿轮 Driven ring gear
半轴齿轮 Axle gear
行星齿轮 Pinion gear
差速器壳 Differential case

主动齿轮轴   行星齿轮轴
Pinion shaft   Pinion gear shaft
圆锥轴承 Tapered roller bearing

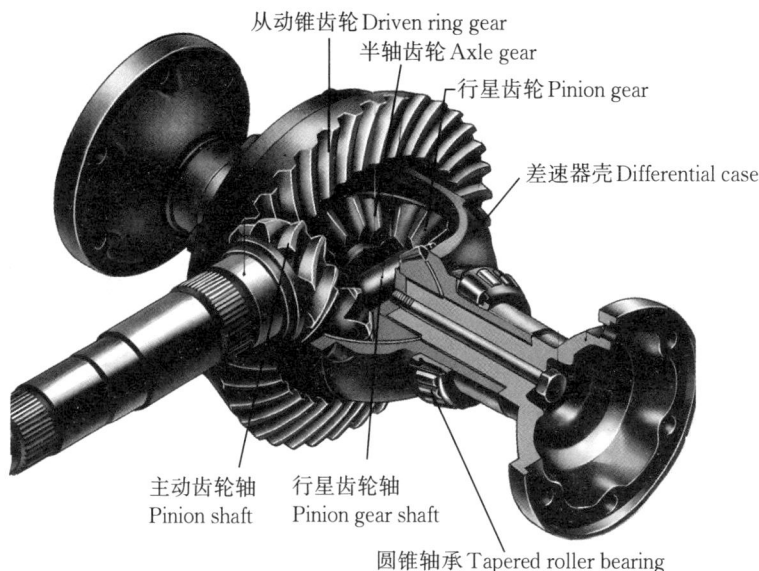

tú   zhǔ jiǎn sù qì zǒng chéng
图3-6   主减速器总成

Fig. 3-6   Final drive assembly

mù qián   duì yú jiào chē hé yī bān qīng xíng   zhōng xíng huò chē lái shuō   dān jí
目前，对于轿车和一般轻型、中型货车来说，单级
zhǔ jiǎn sù qì jí chā sù qì jí kě mǎn zú qì chē dòng lì xìng yào qiú   dān jí zhǔ jiǎn
主减速器及差速器即可满足汽车动力性要求。单级主减
sù qì jù yǒu jié gòu jiǎn dān   tǐ jī xiǎo   zhì liàng xiǎo hé chuán dòng xiào lǜ gāo děng
速器具有结构简单、体积小、质量小和传动效率高等
yōu diǎn
优点。

Currently, for passenger cars and general light and medium-duty trucks, a single-stage final drive and differential can meet the vehicle's power requirements. Single-stage final drives offer advantages such as simple structure, small size, lightweight, and high transmission efficiency.

shuāng jí zhǔ jiǎn sù qì
2）双级主减速器 Double-stage final drive

dāng qì chē zhǔ jiǎn sù qì xū yào jiào dà de chuán dòng bǐ shí　　ruò cǎi yòng dān jí zhǔ
当汽车主减速器需要较大的传动比时，若采用单级主

jiǎn sù qì　　yóu yú zhǔ dòng zhuī chǐ lún shòu qiáng dù　　zuì xiǎo chǐ lún shù de xiàn zhì　　qí
减速器，由于主动锥齿轮受强度、最小齿轮数的限制，其

chǐ cùn bù néng tài xiǎo　　xiāng yīng de cóng dòng zhuī chǐ lún chǐ cùn jiāng zēng dà　　zhè bù jǐn huì
尺寸不能太小，相应的从动锥齿轮尺寸将增大。这不仅会

shǐ cóng dòng zhuī chǐ lún gāng dù jiàng dī　　ér qiě huì shǐ zhǔ jiǎn sù qì ké jí qū dòng qiáo wài
使从动锥齿轮刚度降低，而且会使主减速器壳及驱动桥外

xíng lún kuò chǐ cùn zēng dà　　nán yǐ bǎo zhèng zú gòu de lí dì jiàn xì　　yīn cǐ　　xū yào
形轮廓尺寸增大，难以保证足够的离地间隙。因此，需要

cǎi yòng shuāng jí zhǔ jiǎn sù qì　　rú tú
采用双级主减速器，如图

suǒ shì
3-7所示。

When a large gear ratio is required for the vehicle's final drive, using a single-stage final drive would necessitate a small driving pinion gear due to strength and minimum tooth number limitations. This would result in larger driven ring gear, reducing its stiffness and increasing the overall size of the final drive housing and drive axle, making it difficult to maintain sufficient ground clearance. Therefore, a double-stage final drive is needed, as shown in Fig. 3-7.

tú　　　　shuāng jí zhǔ jiǎn sù qì
图3-7　双级主减速器

Fig.3-7　Double-stage final drive

（二）差速器 Differential
<small>chā sù qì</small>

1. 功用 Function
<small>gōng yòng</small>

差速器的功用是将主减速器的动力传给左、右两个半轴，并在必要时允许两个半轴以不同的转速旋转，以满足两车轮差速的要求。

当车辆直线行驶时，两侧车轮的行驶距离是完全相同的，并无转速差异。但是当车辆转弯时，如果继续保持这种状态，将会对车辆造成严重的损伤，并且无法顺利通过弯道。原因是车辆在转弯行驶时，外侧车轮行驶的距离要大于内侧车轮，由于通过的时间相等，两侧车轮之间存在速度差，所以不能采用刚性连接。差速器的出现巧妙地解决了这一问题，它被安装于两侧车轮之间，并与传动轴相连接。发动机输出的动力通过它传递给两侧车轮。当车辆转弯时，差速器可以自动调节两侧车轮转速，从而使车辆平稳前进。汽车转向时驱动轮运动示意如图3-8所示。

The differential's function is to transmit power from the final drive to the left and right axle shafts, allowing them to rotate at different speeds when necessary to meet the differential requirements of the two wheels.

When the vehicle is traveling straight, the distance traveled by both wheels is the same, and there is no speed difference. However, when the vehicle turns, maintaining this state would cause severe damage to the vehicle and make it difficult to navigate the turn. This is because the outer wheel travels a greater distance than the inner wheel during a turn. Since the time taken is the same, there is a speed difference between the two wheels, so a rigid connection cannot be used. The differential cleverly solves this problem. It is installed between the two wheels and connected to the drive shaft. The power output from the engine is transmitted through it to both wheels. When the vehicle turns, the differential can automatically adjust the speed of the two wheels, enabling the vehicle to move forward smoothly. Schematic diagram of drive wheel movement when the car is turning is shown in Fig. 3-8.

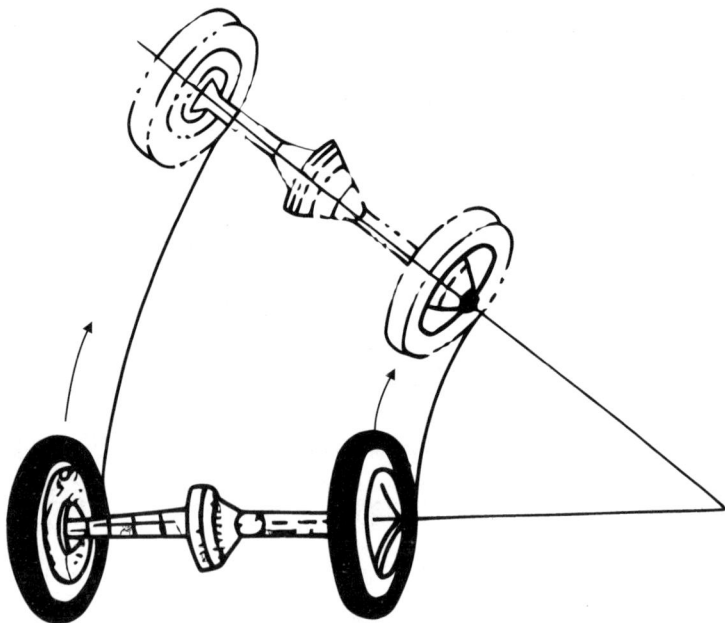

tú qì chē zhuǎn xiàng shí qū dòng lún yùn dòng shì yì
图 3-8 汽车转向时驱动轮运动示意

Fig. 3-8 Schematic diagram of drive wheel movement
when the car is turning

汽车差速器（图3-9）是一个差速传动机构，用来保证各驱动轮在各种运动条件下的动力传递，能自动使两侧驱动轮以不同转速行驶，避免轮胎与地面间打滑。

Differential（Fig. 3-9）is a differential transmission mechanism that ensures power transmission to each drive wheel under various driving conditions. It can automatically allow the two drive wheels to travel at different speeds，preventing slippage between the tires and the ground.

图3-9　汽车差速器

Fig. 3-9　Differential

在全轮驱动的汽车上，差速器被布置在变速驱动桥内，成为整个系统的一部分。同时发动机发出的转矩，通过变速器传到差速器再传送给驱动轮。差速器的安装位置如图

suǒ shì
3-10所示。

In all-wheel drive vehicles, the differential is located within the transaxle, becoming part of the entire system. The torque generated by the engine is transmitted to the differential through the transmission and then to the drive wheels. Installation position of the differential is shown in Fig. 3-10.

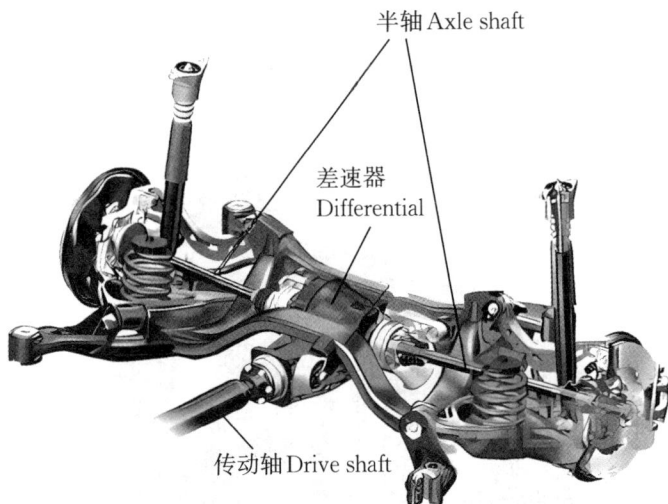

半轴 Axle shaft

差速器 Differential

传动轴 Drive shaft

tú   chā sù qì de ān zhuāng wèi zhì
图3-10 差速器的安装位置

Fig. 3-10 Installation position of the Differential

qì chē chā sù qì shì qū dòng qiáo de zhǔ jiàn   qí zuò yòng shì xiàng liǎng biān bàn zhóu chuán
汽车差速器是驱动桥的主件。其作用是向两边半轴传
dì dòng lì de tóng shí   yǔn xǔ liǎng biān bàn zhóu yǐ bù tóng de zhuàn sù xuán zhuǎn   yǐ shǐ liǎng
递动力的同时，允许两边半轴以不同的转速旋转，以使两
biān chē lún jǐn kě néng yǐ chún gǔn dòng de xíng shì zuò bù děng jù xíng shǐ   jiǎn shǎo chē lún yǔ
边车轮尽可能以纯滚动的形式做不等距行驶，减少车轮与
dì miàn zhī jiān de mó cā   qì chē fā dòng jī de dòng lì jīng lí hé qì   biàn sù qì
地面之间的摩擦。汽车发动机的动力经离合器、变速器、
chuán dòng zhóu   zuì hòu chuán sòng dào qū dòng qiáo   zài zuǒ yòu fēn pèi gěi bàn zhóu qū dòng chē lún
传动轴，最后传送到驱动桥，再左右分配给半轴驱动车轮。

在这条动力传动路径上，驱动桥是最后一个总成，它的主要部件是减速器和差速器。减速器的作用就是减速增距，其完全靠齿轮与齿轮之间的啮合完成，比较容易理解；而差速器就比较难理解了。

The automotive differential is the main component of the drive axle. Its function is to transmit power to both axle shafts while allowing them to rotate at different speeds, so that the two wheels can travel unequal distances with minimal rolling friction, reducing friction between the wheels and the ground. The engine power is transmitted from the clutch, transmission, and drive shaft to the drive axle, and then distributed to the axle shafts to drive the wheels. In this power transmission path, the drive axle is the last assembly, and its main components are the final drive and differential. The function of the final drive is to reduce speed and increase torque, which is entirely achieved through gear meshing and is relatively easy to understand. However, the differential is more difficult to comprehend.

2. 差速器的类型 Types of Differentials

差速器通常按其工作特性分为普通差速器和防滑差速器两大类。

Differentials are usually classified into two categories based on their working characteristics: ordinary differentials and limited-slip differentials.

qì chē dǐ pán gòu zào yǔ wéi xiū
汽车底盘构造与维修

pǔ tōng chā sù qì
1）普通差速器 Ordinary Differential

duì chèn shì xíng xíng zhuī chǐ lún chā sù qì zài pǔ tōng chā sù qì zhōng yìng yòng jiào guǎng fàn
对称式行星锥齿轮差速器在普通差速器中应用较广泛。

sì xíng xíng chǐ lún chā sù qì tú zhǔ yào yóu gè xíng xíng chǐ lún
四行星齿轮差速器（图3-11）主要由4个行星齿轮、

gè shí zì zhóu gè bàn zhóu chǐ lún hé chā sù qì ké děng zǔ chéng
1个十字轴、2个半轴齿轮和差速器壳等组成。

The symmetrical planetary bevel gear differential is widely used in ordinary differentials.

Four-pinion differential（Fig. 3-11）mainly consists of four pinion gears, a cross shaft, two axle gears, and a differential case.

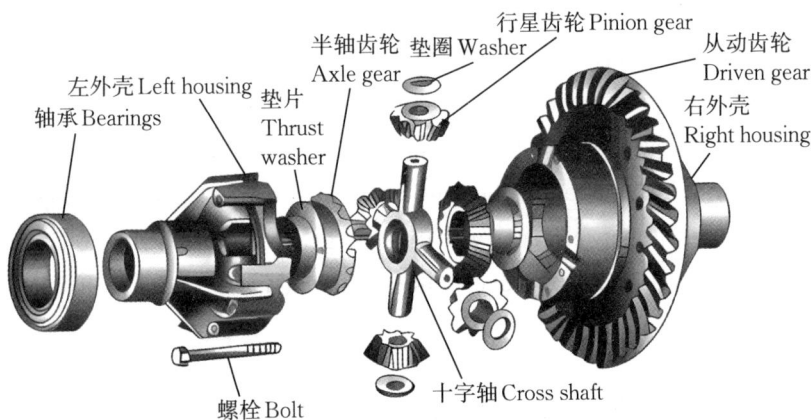

tú sì xíng xíng chǐ lún chā sù qì
图3-11 四行星齿轮差速器
Fig. 3-11 Four-pinion differential

yǒu xiē chē xíng yīn chuán dì de zhuǎn jǔ jiào xiǎo zhǐ yǒu gè xíng xíng chǐ lún xíng xíng
有些车型因传递的转矩较小，只有2个行星齿轮，行星

chǐ lún zhóu shì yī gēn dài suǒ zhǐ xiāo de zhí zhóu liǎng xíng xíng chǐ lún chā sù qì rú tú
齿轮轴是一根带锁止销的直轴。两行星齿轮差速器如图3-12

suǒ shì
所示。

Some models have only two pinion gears due to the smaller torque transmitted, and the pinion gear shaft is a straight shaft with a locking pin. Two-pinion differential is shown in Fig. 3-12.

里程表主动齿轮
Odometer drive gear

行星齿轮 Pinion gear

行星齿轮轴
Pinion gear shaft

半轴齿轮
Axle gear

球形垫圈
Spherical washer

差速器壳体 Differential case

从动锥齿轮 Driven ring gear

tú   liǎng xíng xíng chǐ lún chā sù qì

图3-12　两行星齿轮差速器

Fig. 3-12　Two-pinion differential

2）防滑差速器 Limited-slip differential
fáng huá chā sù qì

fáng huá chā sù qì kě fēn wéi rén gōng qiáng zhì suǒ shì hé zì suǒ shì liǎng dà lèi

防滑差速器可分为人工强制锁式和自锁式两大类。

rén gōng qiáng zhì suǒ shì chā sù qì   zài pǔ tōng duì chèn shì zhuī chǐ lún chā sù

（1）人工强制锁式差速器：在普通对称式锥齿轮差速

qì shàng shè zhì chā sù suǒ de chā sù qì   zhè zhǒng chā sù suǒ jié gòu jiǎn dān   yì yú zhì

器上设置差速锁的差速器。这种差速锁结构简单，易于制

zào   zhuǎn jǔ fēn pèi bǐ lǜ jiào gāo   dàn shì cāo zòng xiāng dāng bù biàn   yì bān xū yào tíng

造，转矩分配比率较高；但是操纵相当不便，一般需要停

chē   lìng wài   rú guǒ guò zǎo jiē shàng huò zhě guò wǎn zhāi xià chā sù suǒ   nà me jiù huì

车。另外，如果过早接上或者过晚摘下差速锁，那么就会

产生无差速器时发生的一系列问题，如转矩分配不可变。

（2）自锁式差速器：自锁式差速器的种类很多，有摩擦片式自锁差速器（图3-13）、滑块凸轮式自锁差速器和变传动式自锁差速器等。它们共同的特点是当两驱动轮（轮间差速器）或两驱动桥（轴间差速器）转速不同时，无须人工操纵，可自动为转速慢的车轮多分配一些转矩，从而提高汽车的通过性和稳定性。这里重点介绍摩擦片式自锁差速器。

摩擦片式自锁差速器的工作原理：当汽车直线行驶、两半轴转速相等时，转矩平均分配给两半轴。由于差速器通过"V"形斜面驱动行星齿轮轴，使两个行星齿轮轴分别向左、向右通过行星齿轮使压盘压紧摩擦片。这就如同离合器一样，使摩擦片和压盘传递转矩。因而，此时转矩经两条路传递给半轴：一条经齿轮传动，即经行星齿轮和半轴齿轮；另一条经摩擦传动，即经摩擦片和压盘。

当汽车一侧驱动车轮在泥泞路面上打滑时，两半轴速度不等，一侧高于差速器壳转速，另一侧低于差速器壳转速。于是经摩擦片传给左半轴、右半轴的转矩方向相反，快转一侧转矩与半轴的旋转方向相反，从而减小了对其分

pèi de zhuàn jǔ   màn zhuàn yī cè yǔ bàn zhóu de xuán zhuàn fāng xiàng xiāng tóng   cóng ér jiā dà le

配的转矩；慢转一侧与半轴的旋转方向相同，从而加大了

dui qí fēn pèi de zhuàn jǔ   jí màn zhuàn bǐ kuài zhuàn chē lún fēn pèi zhuàn jǔ dà

对其分配的转矩，即慢转比快转车轮分配转矩大。

Limited-slip differentials can be divided into two main categories: manual locking and automatic locking.

(1)Manually locking differential: This type of differential is equipped with a differential lock on a conventional symmetrical bevel gear differential. This differential lock is simple in structure and easy to manufacture, with a high torque distribution ratio. However, it is quite inconvenient to operate and usually requires the vehicle to be stopped. Additionally, if the differential lock is engaged too early or disengaged too late, problems that occur without a differential will arise, such as an unchangeable torque distribution.

(2) Self-locking-type Differential: There are many types of Self-locking-type differentials, including multi-plate clutch-type self-locking differential (Fig. 3-13), cam-and-ramp type self-locking differential, and torque-sensing type self-locking differential. Their common feature is that when the two drive wheels (inter-wheel differential) or two drive axles (inter-axle differential) rotate at different speeds, they can automatically distribute more torque to the slower wheel without manual operation, thereby improving the vehicle's passability and stability. Here, we focus on the multi-plate clutch-type limited-slip differential.

Working principle of the multi-plate clutch-type limited-slip differential: When the vehicle is traveling straight and the two axle shafts rotate at the same speed, the torque is evenly distributed to both axle shafts. The differential drives the pinion gear shafts through the "V" shaped ramp, causing the two pinion gear shafts to press the pressure plates against the friction plates to the left and right through the pinion gears. This is similar to a clutch, allowing the friction plates and pressure plates to transmit torque. Therefore, at this time, the torque is transmitted to the axle shafts through two paths: one through gear transmission, i.e., through the pinion gears and axle gears; and the other through friction transmission, i.e., through the friction plates and pressure plates.

When one of the vehicle's drive wheels slips on a muddy road, the two axle shafts rotate at different speeds, with one side higher than the differential case speed and the other side lower. As a result, the torque transmitted to the left and right axle shafts through the friction plates is in opposite directions. The torque on the faster-rotating side is opposite to the rotation direction of the axle shaft, thereby reducing the torque distributed to it; the torque on the slower rotating side is in the same direction as the rotation of the axle shaft, thereby increasing the torque distributed to it, i.e., the slower wheel receives more torque than the faster wheel.

tú
图3-13　摩擦片式自锁差速器

Fig. 3-13　Multi-plate clutch-type self-locking differential

3）托森差速器 Torsen differential

托森差速器（图3-14）是一种新型的自锁式轴间差速器，它是将普通差速器的齿轮改成蜗轮、蜗杆，而安装位置和形式不变，借由蜗轮、蜗杆传动的自锁功能来实现防滑功能。托森差速器结构紧凑，传递转矩可变范围较大且可调，所以被广泛用于全轮驱动轿车的中央差速器和后驱动桥轮间差速器。但由于其在高转速转矩差时的自动锁止作用，因此一般不能用于前驱动桥轮间差速器。奥迪TT使用的就是这种差速器。

Torsen differential（Fig. 3-14）is a new type of self-locking inter-axle differential. It replaces the gears of an ordinary differential with worm gears and worm wheels while maintaining the same installation position and form, using the self-locking function of worm gear transmission to achieve the anti-slip function. The Torsen differential has a compact structure and a large and adjustable range of torque transmission, so it is widely used as the center differential in all-wheel drive cars and the inter-wheel differential in rear drive axles. However, due to its automatic locking effect at high-speed torque differences, it is generally not used as the inter-wheel differential in front drive axles. The Audi TT uses this type of differential.

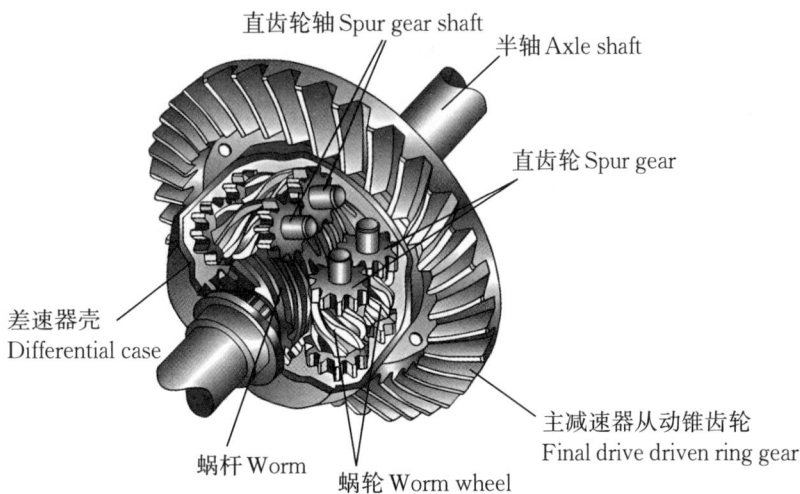

直齿轮轴 Spur gear shaft

半轴 Axle shaft

直齿轮 Spur gear

差速器壳
Differential case

主减速器从动锥齿轮
Final drive driven ring gear

蜗杆 Worm

蜗轮 Worm wheel

tú
图 3-14　托森差速器

Fig. 3-14　Torsen differential

bàn zhóu
（三）半轴 Axle shaft

gōng yòng
1. 功用 Function

半轴可将差速器的动力传递给驱动轮。其内端与差速器的半轴齿轮相连，而外端则与驱动轮的轮毂相连。因其传动的转矩较大，常被制成实心轴。半轴的结构受到悬架和驱动桥的结构影响。非独立悬架且发动机前置、后轮驱动的汽车，半轴是一根长轴，它直接将动力从差速器传递给驱动轮。断开式驱动桥和发动机前置、前轮驱动的汽车，半轴分段，并用等速万向节连接，中半轴

cháng bèi chēng wéi chuán dòng zhóu
常被称为传动轴。

Axle shafts transmit power from the differential to the drive wheels. The inner end is connected to the differential's axle gear, while the outer end is connected to the wheel hub. Due to the high torque transmitted, they are often made as solid shafts. The structure of the axle shaft is influenced by the suspension and drive axle design. In vehicles with non-independent suspension, a front-engine, and rear-wheel-drive layout, the axle shaft is a single long shaft that directly transmits power from the differential to the drive wheels. In vehicles with disconnected drive axles, a front-engine, and front-wheel-drive layout, the axle shaft is divided into segments and connected by constant velocity joints. The middle axle shaft is often referred to as the drive shaft.

2. 半轴的支承形式 Axle Shaft Support Types

bàn zhóu de zhī chéng xíng shì

1）全浮式半轴 Full-floating axle shaft

quán fú shì bàn zhóu

全浮式半轴只传递转矩，不承受任何反力和弯矩，因而被广泛应用于各类汽车上。全浮式半轴内端借花键与半轴齿轮啮合，外端有凸缘盘，凸缘盘通过螺栓与轮毂固定在一起，轮毂通过两圆锥轴承支承于桥壳上。全浮式半轴易于拆装，只需拧下半轴凸缘上的螺栓即可抽出半轴，而车轮与桥壳照样能支持汽车，从而给汽车维护带来了方便。全浮式半轴如图3-15所示。

Full-floating axle shafts only transmit torque and do not bear any reaction forces or bending moments, making them widely used in various vehicles. The inner end of a full-floating axle shaft engages with the axle gear through splines, and the outer end has a flange. The flange is bolted to the wheel hub, which is supported on the axle housing by two tapered roller bearings. Full-floating axle shafts are easy to disassemble and install. Simply unscrew the bolts on the axle shaft flange to remove the axle shaft, while the wheel and axle housing can still support the vehicle, making maintenance convenient. Full-floating axle shaft is shown in Fig. 3-15.

tú   quán fú shì bàn zhóu
图3-15 全浮式半轴

Fig. 3-15   Full-floating axle shaft

bàn fú shì bàn zhóu
2）半浮式半轴 Semi-floating axle shaft

bàn fú shì bàn zhóu jì chuán dì zhuàn jǔ   yòu chéng shòu quán bù fǎn lì hé wān jǔ   tā
半浮式半轴既传递转矩，又承受全部反力和弯矩。它

de zhī chéng jié gòu jiǎn dān   chéng běn dī   yīn ér bèi guǎng fàn yòng yú fǎn lì wān jǔ jiào xiǎo
的支承结构简单，成本低，因而被广泛用于反力弯矩较小

de gè lèi jiào chē shang   bàn zhóu nèi duān yǔ bàn zhóu chǐ lún tōng guò huā jiàn lián jiē   qí
的各类轿车上。半轴内端与半轴齿轮通过花键连接，其

nèi duān tōng guò zhóu chéng zhí jiē zhī chéng yú qiáo ké nèi   chē lún lún gǔ tōng guò huā jiàn zhí
内端通过轴承直接支承于桥壳内，车轮轮毂通过花键直

jiē bèi gù dìng yú wài duān shang   bàn fú shì bàn zhóu rú tú   suǒ shì   dàn zhè zhǒng
接被固定于外端上。半浮式半轴如图3-16所示。但这种

bàn zhóu zhī chéng chāi qǔ má fan   qiě qì chē xíng shǐ zhōng ruò bàn zhóu zhé duàn   chē lún yì
半轴支承拆取麻烦，且汽车行驶中若半轴折断，车轮易

fēi tuō
飞脱。

Semi-floating axle shafts transmit torque and also bear all reaction forces and bending moments. Their support structure is simple and cost-effective, making them widely used in various passenger cars with smaller reaction forces and bending moments. The inner end of the axle shaft is connected to the axle gear through splines, and its inner end is directly supported by a bearing inside the axle housing. The wheel hub is directly fixed to the outer end through splines. Semi-floating axle shaft is shown in Fig. 3-16. However, this type of axle shaft support is difficult to remove, and if the axle shaft breaks during driving, the wheel is prone to detachment.

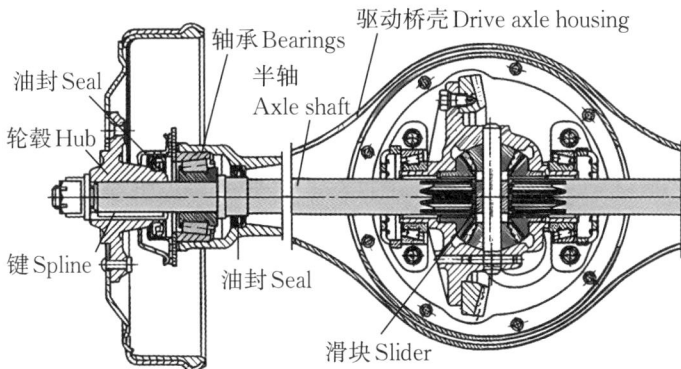

tú
图3-16　半浮式半轴
Fig. 3-16　Semi-floating axle shaft

（四）驱动桥壳 Drive axle housing

1. 功用 Function

驱动桥壳是汽车行驶系统的主要组成部件之一，其主要作用：和驱动桥一起承受汽车质量；使左、右驱动轮的轴向相对位置固定；在汽车行驶时，承受驱动轮传来的各种反力和力矩，并通过悬架传给车架。

The drive axle housing is one of the main components of the vehicle's running system. Its main functions are: to bear the weight of the vehicle together with the drive axle; to fix the axial relative position of the left and right drive wheels; and to bear various reaction forces and moments transmitted from the drive wheels during driving, and transmit them to the frame through the suspension.

2. 类型 Types

驱动桥壳可分为整体式和分段式两种。

（1）整体式驱动桥壳（图3-17）与主减速器壳分开制造，用螺栓连接在一起。在检查主减速器和差速器的技术状况或拆装时，不用把整个驱动桥从车上拆下来，因而整体式驱动桥壳维修比较方便，普遍用于各类汽车上。

（2）分段式驱动桥壳（图3-18）与主减速器壳铸成一体，且一般分为两段，由螺栓连成一体。这种桥壳易

yú zhù zào

于铸造，但维护主减速器和差速器时必须把整个驱动桥

chāi xià lái　　　fǒu zé wú fǎ chāi jiǎn zhǔ jiǎn sù qì hé chā sù qì　　　xiàn zài yǐ hěn shǎo

拆下来，否则无法拆检主减速器和差速器，现在已很少

shǐ yòng

使用。

Drive axle housings can be divided into two types：integral and split.

(1) Integral drive axle housing (Fig. 3-17) is manufactured separately from the final drive housing and bolted together. When checking the technical condition of the final drive and differential or during disassembly and assembly, the entire drive axle does not need to be removed from the vehicle, making maintenance of the integral drive axle housing more convenient. It is commonly used in various vehicles.

(2) Split drive axle housing (Fig. 3-18) is cast integrally with the final drive housing and is generally divided into two sections, bolted together. This type of housing is easy to cast, but the entire drive axle must be removed when maintaining the final drive and differential, otherwise, the final drive and differential cannot be disassembled and inspected. It is rarely used now.

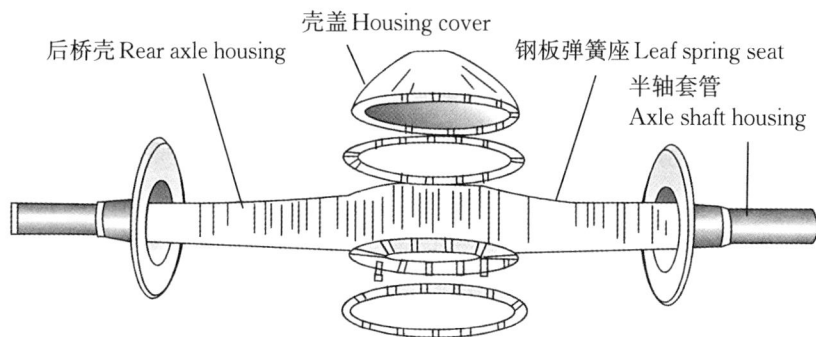

后桥壳 Rear axle housing
壳盖 Housing cover
钢板弹簧座 Leaf spring seat
半轴套管
Axle shaft housing

tú　　　　　zhěng tǐ shì qū dòng qiáo ké
图3-17　整体式驱动桥壳
Fig. 3-17　Integral drive axle housing

半轴壳
Axle shaft housing

左桥壳
Left axle housing

右桥壳
Right axle housing

钢板弹簧座
Leaf spring seat

半轴壳
Axle shaft housing

凸缘 Flange

tú   fēn duàn shì qū dòng qiáo ké
图 3-18 分段式驱动桥壳

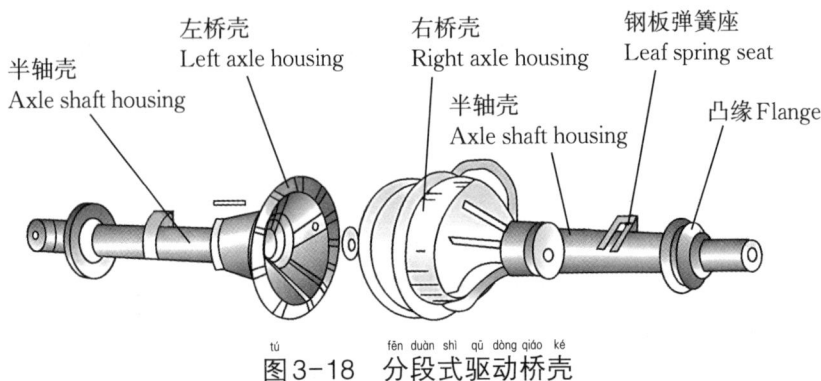

Fig. 3-18 Split drive axle housing

rèn wu shí shī
任务实施 Teaching Task

qū dòng qiáo de jiǎn xiū
驱动桥的检修 Drive Axle Overhaul

shí shī mù dì
一、实施目的 Objectives

zhǎng wò qū dòng qiáo de chāi xiè bù zhòu
（1）掌握驱动桥的拆卸步骤。

zhǎng wò qū dòng qiáo de zhuāng pèi bù zhòu
（2）掌握驱动桥的装配步骤。

（1）Acquire knowledge about the disassembly steps of the drive axle.

（2）Acquire knowledge about the assembly steps of the drive axle.

jì néng xùn liàn zhǔn bèi
二、技能训练准备 Preparation for Skills Training

suǒ xū shè bèi   gōng   liáng   jù jí cái liào
（一）所需设备、工（量）具及材料

Required Equipment，Tools，and Materials

shí xùn yòng chē liàng   wéi xiū shǒu cè   chāi zhuāng gōng jù   jiǎn cè liáng jù   qián gé
实训用车辆、维修手册、拆装工具、检测量具、前格

zhà bù　　yì zǐ bǎn bù　　chē nèi fáng hù sān jiàn tào　　chē lún dǎng kuài děng
栅布、翼子板布、车内防护三件套、车轮挡块等。

Training vehicle, repair manual, disassembly and assembly tools, inspection and measuring tools, front grille cover, fender cover, car interior protective set, wheel chocks, etc.

èr　　ān quán fáng hù yòng pǐn
（二）安全防护用品 Safety Protective Equipment

biāo zhǔn zuò yè gōng zhuāng　　ān quán xié　　hù mù jìng　　shǒu tào děng
标准作业工装、安全鞋、护目镜、手套等。

Standard work clothes, safety shoes, goggles, gloves, etc.

sān　　qì chē xìn xī shōu jí
（三）汽车信息收集 Vehicle Description

chē pái hào mǎ
车牌号码： _____

License Plate Number： _____

chē liàng xíng hào
车辆型号： _____

Vehicle Model： _____

mǎ
VIN 码： _____

VIN： _____

xíng shǐ lǐ chéng
行驶里程： _____

Mileage： _____

jì shù guī fàn yǔ zhù yì shì xiàng
三、技术规范与注意事项

Technical Specifications and Precautions

chāi xiè zhóu chéng　　chǐ lún shí bì xū yòng zhuān yòng gōng jù　　bù dé yòng chuí zi
（1）拆卸轴承、齿轮时必须用专用工具，不得用锤子直接敲打进行拆卸。

（2）为了保证再次装配时的装配精度，在拆卸驱动桥时应检查装配标记，若标记不清应重新做好标记。

（3）驱动桥零件分解后应清洗干净，涂上润滑油以防止装配前生锈，并将零件按照装配关系整齐地摆放在干净的工作台上或油盘中。

（4）应严格按照相关要求对轴承预紧度、齿轮啮合印记等配合尺寸进行调整，不得随意改变技术要求。

（5）对各紧固螺栓严格按照规定力矩拧紧。

（6）支承轴承不能用其他型号代替。

（7）对装配后的驱动桥，必须按规定添加齿轮油，不得随意改变齿轮油牌号。

（1）Special tools must be used when disassembling bearings and gears. Do not use a hammer to directly strike and disassemble them.

（2）To ensure assembly accuracy during reassembly, check the assembly marks when disassembling the drive axle. If the marks are unclear, make new ones.

（3）Clean the disassembled drive axle parts, apply lubricant to prevent rust before assembly, and place the parts neatly on a clean workbench or oil pan according to their assembly relationship.

（4）Strictly follow the relevant requirements to adjust the bearing preload, gear meshing marks, and other matching dimensions. Do not arbitrarily change the technical requirements.

(5) Tighten all fastening bolts strictly according to the specified torque.

(6) Do not replace the support bearings with other models.

(7) Add gear oil to the assembled drive axle according to regulations, and do not arbitrarily change the gear oil grade.

四、实施步骤及方法
shí shī bù zhòu jí fāng fǎ

Implementation Steps and Methods

（一）维护作业的准备和预检
wéi hù zuò yè de zhǔn bèi hé yù jiǎn

Preparation and Pre-inspection for Maintenance

1. 一般准备工作 General Preparation
yī bān zhǔn bèi gōng zuò

（1）与小组成员共同清洁场地。　　☐任务完成
yǔ xiǎo zǔ chéng yuán gòng tóng qīng jié chǎng dì　　rèn wu wán chéng

（2）清点所需工具、量具数量和种类。　☐任务完成
qīng diǎn suǒ xū gōng jù　liáng jù shù liàng hé zhǒng lèi　rèn wu wán chéng

（3）检查举升机等设备、工具性能是否良好。
jiǎn chá jǔ shēng jī děng shè bèi　gōng jù xìng néng shì fǒu liáng hǎo

☐任务完成
rèn wu wán chéng

（1）Clean the work area together with group members.

☐ Task Completed

（2）Verify the quantity and types of required tools and measuring instruments.

☐ Task Completed

（3）Inspect the performance of equipment such as the lift, and tools.

☐ Task Completed

ān quán fáng hù zhǔn bèi gōng zuò
2. 安全防护准备工作 Safety preparation

jiǎn chá chē liàng wèi zhì
（1）检查车辆位置。　　　　□任务完成 rèn wu wán chéng

ān zhuāng chē lún dǎng kuài
（2）安装车轮挡块。　　　　□任务完成 rèn wu wán chéng

ān zhuāng gè zhǒng fáng hù tào
（3）安装各种防护套。

ān zhuāng zuò yǐ tào
① 安装座椅套。　　　　□任务完成 rèn wu wán chéng

ān zhuāng dì bǎn diàn
② 安装地板垫。　　　　□任务完成 rèn wu wán chéng

ān zhuāng zhuǎn xiàng pán tào
③ 安装转向盘套。　　　　□任务完成 rèn wu wán chéng

ān zhuāng biàn sù qì cāo zòng gǎn tào
④ 安装变速器操纵杆套。　　□任务完成 rèn wu wán chéng

ān zhuāng hǎo qián gé zhà bù jí yì zǐ bǎn bù
⑤ 安装好前格栅布及翼子板布。□任务完成 rèn wu wán chéng

（1）Check the vehicle position.　　□ Task Completed

（2）Install wheel chocks.　　□ Task Completed

（3）Install protective covers.

① Install seat covers.　　□ Task Completed

② Install floor mats.　　□ Task Completed

③ Install steering wheel cover.　　□ Task Completed

④ Install gear shift lever cover.　　□ Task Completed

⑤ Install front grille cloth and fender cover.　　□ Task Completed

fā dòng jī jī cāng yù jiǎn
3. 发动机机舱预检

Engine compartment pre-inspection

jiǎn chá fā dòng jī lěng què yè yè wèi
（1）检查发动机冷却液液位。　　□正常 zhèng cháng　　□不正常 bù zhèng cháng

jiǎn chá fā dòng jī jī yóu yè wèi
（2）检查发动机机油液位。　　□正常 zhèng cháng　　□不正常 bù zhèng cháng

（3）检查制动液液位。 ☐ 正常 ☐ 不正常

（4）检查刮水器、喷洗器液面。 ☐ 正常 ☐ 不正常

（1）Check engine coolant level. ☐ Normal ☐ Abnormal

（2）Check engine oil level. ☐ Normal ☐ Abnormal

（3）Check brake fluid level. ☐ Normal ☐ Abnormal

（4）Check the wiper and washer fluid level.

☐ Normal ☐ Abnormal

（二）主动、从动锥齿轮啮合间隙的测量

Measurement of the meshing clearance between the driving and driven bevel gears

（1）组装磁力表座，如图3-19所示。

（2）组装百分表，如图3-20所示。

（3）将磁力表座测量部位压在从动锥齿轮上的合适部位，并压缩测量头，使小指针位于1~2 mm。

（4）轻轻转动从动锥齿轮，记录数据。重复测量至少3个齿（平均分布），并将测量结果填入表3-1。

（1）Assemble the magnetic base, as shown in Fig. 3-19.

（2）Assemble the dial indicator, as shown in Fig. 3-20.

（3）Press the measuring part of the magnetic base against a suitable location on the driven bevel gear and compress the measuring head so that the small pointer is positioned between 1~2 mm.

（4）Gently rotate the driven bevel gear and record the data. Repeat the measurement for at least 3 teeth（evenly distributed）, and fill in the measurement results in Table 3-1.

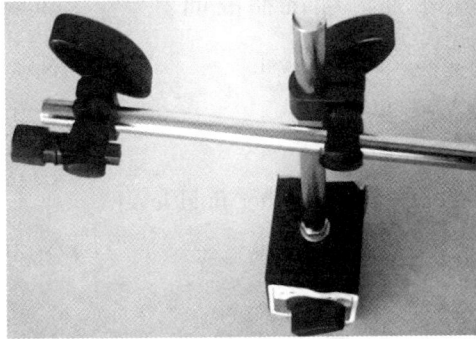

tú
图3-19

zǔ zhuāng cí   lì   biǎo zuò
组装磁力表座

Fig. 3-19　Assembling the magnetic base

tú
图3-20

zǔ zhuāng bǎi   fēn biǎo
组装百分表

Fig. 3-20　Assembling the dial indicator

biǎo　　　zhǔ dòng　cóng dòng zhuī chǐ lún niè hé jiàn xì
表 3-1　主动、从动锥齿轮啮合间隙

Table 3-1　Meshing clearance between driving and driven bevel gears

	cè liáng zhí 测量值/mm Measured Value (mm)	biǎo zhǔn zhí 标准值/mm Standard Value (mm)	shì fǒu zhèng cháng 是否正常 Normal/ Abnormal	chǔ lǐ yì jiàn 处理意见 Action Required
wèi zhì 位置1 Position 1			zhèng cháng 正常□ bù zhèng cháng 不正常□ Normal □ Abnormal □	wéi xiū 维修□ gēng huàn 更换□ Repair□ Replace□
wèi zhì 位置2 Position 2			zhèng cháng 正常□ bù zhèng cháng 不正常□ Normal □ Abnormal □	wéi xiū 维修□ gēng huàn 更换□ Repair□ Replace□
wèi zhì 位置3 Position 3			zhèng cháng 正常□ bù zhèng cháng 不正常□ Normal □ Abnormal □	wéi xiū 维修□ gēng huàn 更换□ Repair□ Replace□

评价与反馈 Evaluation and Feedback

bān jí　　　　　　　xìng míng　　　　　　zhǐ dǎo jiào shī
班级＿＿＿＿＿　姓名＿＿＿＿＿　指导教师＿＿＿＿＿
Class＿＿＿＿　Name＿＿＿＿＿　Instructor＿＿＿＿＿

考核 kǎo hé xiàng mù 项目 Items		kǎo hé nèi róng 考核内容 Content	pèi fēn 配分/ fēn 分 Total	kǎo hé biāo zhǔn 考核标准 Assessment Criteria	dé fēn 得分/ fēn 分 Score
jì néng 技能 kǎo hé 考核 Skill Asse- ssment	zhǔn bèi 准备 Preparation	qīng diǎn gōng jù liáng jù 清点工具、量具， qīng lǐ gōng wèi 清理工位 Inventory of tools and measuring instruments；Clean up workspace	1	wèi zuò bù dé fēn 未做不得分 Not done： 0 points	
		qīng jié shè bèi wài guān 清洁设备外观 Clean equipment exterior	1	wèi zuò bù dé fēn 未做不得分 Not done： 0 points	
		jiǎn chá diàn yuán kāi guān 检查电源开关 Check power switch	1	wèi zuò bù dé fēn 未做不得分 Not done： 0 points	
		ān zhuāng gè zhǒng fáng hù tào 安装各种防护套 Install protective covers	2	wèi zuò bù dé fēn 未做不得分 Not done： 0 points	

（续表）

考核项目 Items		考核内容 Content	配分/分 Total	考核标准 Assessment Criteria	得分/分 Score
	准备 Preparation	发动机机舱预检 Engine bay pre-inspection	5	排除不正确扣1~5分 Incorrect operation: deduct 1~5 points	
技能考核 Skill Assessment	主动、从动锥齿轮啮合间隙的测量 Meshing clearance measurement of driving and driven bevel gears	组装磁性表座 Assemble magnetic base	10	排除不正确扣1~10分 Incorrect operation: deduct 1~10 points	
		组装百分表 Assemble dial indicator	10	排除不正确扣1~10分 Incorrect operation: deduct 1~10 points	

（续表）

kǎo hé 考核 xiàng mù 项目 Items		kǎo hé nèi róng 考核内容 Content	pèi fēn 配分/ fēn 分 Total	kǎo hé biāo zhǔn 考核标准 Assessment Criteria	dé fēn 得分/ fēn 分 Score
jì néng 技能 kǎo hé 考核 Skill Asse- ssment	zhǔ dòng 主动、 cóng dòng zhuī 从动锥 chǐ lún niè 齿轮啮 hé jiàn xì 合间隙 de cè liáng 的测量 Meshing clearance measure- ment of driving and driven bevel gears	jiàn xì cè liáng 间隙测量 Clearance Measurement	20	pái chú bù zhèng què kòu 排除不正确扣 fēn 1~20分 Incorrect operation： deduct 1~20 points	

chū qín jì lǜ ān quán fáng hù huán bǎo zhī shi shuǐ píng xué xí néng lì kǎo
出勤/纪律、安全/防护/环保、知识水平、学习能力考
hé xiàng mù bù fen jiàn fù lù yī
核项目部分见附录一。

总结与反思见附录二。

Attendance / discipline , safety / protection / environment , knowledge level , and learning ability assessment items are detailed in the Appendix 1.

Summaries and Reflections are detailed in the Appendix 2.

任务四 TASK 4

制动系统的构造与维修

Construction and Maintenance of Braking Systems

rèn wu mù biāo
任务目标 Task Objects

mù biāo lèi xíng 目标类型 Object types	mù biāo yāo qiú 目标要求 Contents
	liǎo jiě zhì dòng xì tǒng de zuò yòng lèi xíng yǔ tè diǎn (1) 了解制动系统的作用、类型与特点； Be aware of the function, types, and characteristics of brake systems. liǎo jiě zhì dòng qì de lèi xíng hé jié gòu tè diǎn (2) 了解制动器的类型和结构特点； Be aware of the types and structural characteristics of brakes； liǎo jiě pán shì zhì dòng qì hé gǔ shì zhì dòng qì de xìng néng duì bǐ (3) 了解盘式制动器和鼓式制动器的性能对比； Be aware of the performance comparison between disc brakes and drum brakes；
zhī shi mù biāo 知识目标 Knowledge object	liǎo jiě zhì dòng qì chāi zhuāng yǔ jiǎn xiū de yāo qiú hé jì shù (4) 了解制动器拆装与检修的要求和技术 biāo zhǔn 标准。 Be aware of the requirements and technical standards for brake disassembly, assembly, and maintenance.

(续表)

mù biāo lèi xíng 目标类型 Object types	mù biāo yāo qiú 目标要求 Contents
jì néng mù biāo 技能目标 Practice object	(1) néng gòu zhèng què jìn xíng zhì dòng qì de chāi zhuāng yǔ jiǎn cè 能够正确进行制动器的拆装与检测； Have the ability to correctly disassemble, assemble, and inspect brakes； (2) néng gòu tōng guò gù zhàng xiàn xiàng pàn duàn hé pái chú zhì dòng qì de 能够通过故障现象判断和排除制动器的 jī běn gù zhàng 基本故障。 Have the ability to diagnose and troubleshoot basic brake faults based on fault phenomena.
pǐn gé mù biāo 品格目标 Competence object	(1) péi yǎng xué shēng zì zhǔ tàn jiū de xué xí xí guàn 培养学生自主探究的学习习惯； Cultivate students' habit of independent learning and exploration； (2) péi yǎng xué shēng ān quán cāo zuò de yì shí 培养学生安全操作的意识。 Cultivate students' awareness of safe operation.

rèn wu miáo shù
任务描述 Task Description

yī liàng cháng ān jiào chē xíng shǐ lǐ chéng wéi wàn gāi chē zài xíng chē zhì dòng
一辆长安轿车，行驶里程为9.8万km。该车在行车制动

shí yǒu zhì dòng fā dǒu xiàng yòu pǎo piān xiàn xiàng lún tāi mó sǔn yě bǐ jiào yán zhòng jiǎn
时有制动发抖、向右跑偏现象，轮胎磨损也比较严重。检

chá wéi xiū jì lù fā xiàn gāi chē yǐ jīng xíng shǐ wàn méi yǒu zuò èr jí wéi hù bǎo
查维修记录发现该车已经行驶4万km没有做二级维护保

yǎng le
养了。

A Chang'an sedan with a mileage of 98,000 km experiences brake shudder and rightward pulling during braking. The tire wear is also significant. The maintenance records show that the car has not undergone secondary maintenance for 40,000 km.

任务分析 Task Analysis

在车轮制动器长期使用过程中，制动盘（鼓）会产生磨损、变形及螺栓孔损坏等损伤，从而造成制动力下降、制动抖振、行驶跑偏、行驶摇摆及轮胎磨损加剧等故障。为保持和恢复汽车制动性能，保证汽车行车安全，减轻轮胎磨损，必须及时检查和更换制动盘（鼓）。故应立即检测该车制动系统。

During prolonged use of wheel brakes, the brake disc（drum）may experience wear, deformation, and damage to bolt holes, resulting in reduced braking force, brake judder, pulling to one side, wobbling during driving, and increased tire wear. To maintain and restore the braking performance of the vehicle, ensure driving safety, and reduce tire wear, it is necessary to inspect and replace the brake disc（drum）in a timely manner. Therefore, the brake system of this vehicle should be inspected immediately.

相关知识 Relevant Knowledge

一、汽车制动系统概述
Overview of Automotive Braking Systems

汽车制动系统是保证汽车安全行驶的关键。汽车行驶时

xū yào jīng cháng cǎi xià hé sōng kāi zhì dòng qì tà bǎn　　　shǐ qì chē zhì dòng huò jiě chú zhì dòng
需要经常踩下和松开制动器踏板，使汽车制动或解除制动。

yīn cǐ　　zhì dòng xì tǒng de jì shù zhuàng kuàng huì zhú jiàn biàn huài　　chū xiàn gè zhòng gù zhàng
因此，制动系统的技术状况会逐渐变坏，出现各种故障。

zhì dòng xì tǒng cháng jiàn de gù zhàng yǒu zhì dòng shī xiào　　zhì dòng shī líng　　zhì dòng pǎo piān
制动系统常见的故障有制动失效、制动失灵、制动跑偏、

zhì dòng tuō zhì děng
制动拖滞等。

The automotive braking system is crucial for ensuring safe driving. During driving, the brake pedal needs to be frequently pressed and released to apply or release the brakes. Therefore, the technical condition of the braking system gradually deteriorates, leading to various faults. Common braking system faults include brake failure, brake malfunction, pulling to one side during braking, and dragging brakes.

zhì dòng xì tǒng de zuò yòng
（一）制动系统的作用 Function of the braking system

zhì dòng xì tǒng de zuò yòng shì gēn jù xū yào shǐ qì chē jiǎn sù huò zài zuì duǎn de jù lí nèi
制动系统的作用是根据需要使汽车减速或在最短的距离内

tíng chē　　yǐ què bǎo xíng chē ān quán　　bìng bǎo zhàng qì chē tíng fàng kě kào bù néng zì dòng huá yí
停车，以确保行车安全，并保障汽车停放可靠不能自动滑移。

The function of the braking system is to slow downor stop the vehicle within the shortest distance as needed to ensure driving safety and to ensure that the parked vehicle cannot slide automatically.

zhì dòng xì tǒng de lèi xíng
（二）制动系统的类型 Types of Braking Systems

xíng chē zhì dòng xì tǒng　　　shǐ xíng shǐ zhōng de qì chē jiàng dī sù dù shèn zhì
（1）行车制动系统：使行驶中的汽车降低速度甚至

tíng chē de yī tào zhuān mén zhuāng zhì　　xíng chē zhì dòng xì tǒng zài xíng chē guò chéng zhōng jīng cháng
停车的一套专门装置。行车制动系统在行车过程中经常

shǐ yòng
使用。

（2）驻车制动系统：使已停驶的汽车驻留原地不动的一套装置。

（3）辅助制动系统：在汽车上下坡时用以稳定车速的一套装置。例如，经常行驶在山区的汽车，若单靠行车制动系统来达到上下坡时稳定车速的目的，则可能导致行车制动系统的制动器过热而降低制动效能，甚至完全失效。因此，山区用汽车还应具备此装置。

（1）Service braking system：A set of specialized devices that reduce the speed or even stop a moving vehicle. The service braking system is frequently used during driving.

（2）Parking braking system：A device that keeps a parked vehicle stationary.

（3）Auxiliary braking system：A device used to stabilize the vehicle's speed when going uphill or downhill. For example，vehicles frequently driven in mountainous areas may experience overheating and reduced braking efficiency，or even complete failure，if they rely solely on the service braking system to stabilize the speed during ascents and descents. Therefore，vehicles used in mountainous areas should also be equipped with this device.

（三）制动系统的组成 Composition of the braking system

汽车制动系统一般至少装用两套各自独立的系统：一套是行车制动装置，主要用于汽车行驶中的减速和停车；

另一套是驻车制动装置，主要用于停车防止滑移。有的汽车还装有紧急制动装置和安全制动或辅助制动装置，高级汽车还装有制动力调节装置、报警装置、压力保护装置等。

汽车两套制动装置都是由制动器和操纵制动器的传动机构两部分组成的。汽车制动系统的组成如图4-1所示。任何制动系统都具有供能装置、控制装置、传动装置、制动器4个基本组成部分。

供能装置：供给、调节制动所需能量及改善传递介质状态的各种部件。其中，产生制动能量的部分称为制动能源，它可以是发动机驱动的气压泵或液压泵，也可以是驾驶人的作用力。

控制装置：产生制动动作和控制制动效果的各种部件，如制动踏板机构。

传动装置：将制动能量传输到制动器的各个部件。

制动器：产生阻碍车辆运动或运动趋势的力（制动力）的部件。

Automotive braking systems are generally equipped with at least two independent systems: one is the service braking system, mainly used for deceleration and stopping during driving; the other is the parking braking system, mainly used for parking to prevent sliding. Some vehicles are also equipped with emergency braking devices and safety brakes or auxiliary braking devices. High-end vehicles are also equipped with braking force adjustment devices, warning devices, pressure protection devices, etc.

Both braking systems in a car consist of brakes and transmission mechanisms that control the brakes. Composition of an automotive braking system is shown in Fig. 4-1. Any braking system has four basic components: an energy supply device, a control device, a transmission device, and a brake.

Energy supply device: Various components that supply and regulate the energy required for braking and improve the state of the transmission medium. The part that generates braking energy is called the brake energy source, which can be an engine-driven air pressure pump, hydraulic pump, or the driver's force.

Control device: Various components that generate braking action and control braking effect, such as the brake pedal mechanism.

Transmission device: Various components that transmit braking energy to the brake.

Brake: The component that generates the force (braking force) that hinders the movement or tendency of movement of the vehicle.

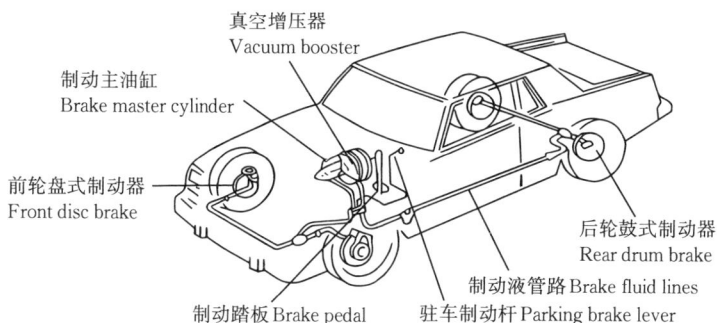

真空增压器
Vacuum booster

制动主油缸
Brake master cylinder

前轮盘式制动器
Front disc brake

后轮鼓式制动器
Rear drum brake

制动液管路 Brake fluid lines
驻车制动杆 Parking brake lever

制动踏板 Brake pedal

tú　　　　qì chē zhì dòng xì tǒng de zǔ chéng
图4-1　汽车制动系统的组成

Fig. 4-1　Composition of an automotive braking system

（四）制动系统的要求

Requirements of the braking system

（1）具有良好的制动效能，其评价指标有制动距离、制动减速度、制动力和制动时间。

（2）操纵轻便、灵敏，调整与维护便捷。

（3）制动稳定性好。制动时，前后车轮制动力分配合理，左右车轮上的制动力矩基本相等，汽车不跑偏、不甩尾；磨损后间隙应能调整。

（4）制动平顺性好。制动力矩能迅速而平稳地增加，也能迅速而彻底地解除。

（5）散热性好。摩擦片的抗"热衰退"能力要高，水湿后恢复能力要快。

（6）对挂车制动系统，还要求其制动作用略早于主车，且挂车自行脱钩时能自动进行应急制动。

（1）Have good braking performance, and the evaluation indicators are braking distance, braking deceleration, braking force, and braking time.

（2）Easy and sensitive to operate, easy to adjust and maintain.

（3）Good braking stability. When braking, the braking force distribution of the front and rear wheels is reasonable, the braking torque on the left and right wheels is basically equal, and the car does not deviate or swing. The clearance after wear should be adjustable.

（4）Good braking smoothness. The braking torque can be increased quickly and smoothly, and can also be released quickly and completely.

（5）Good heat dissipation. The friction linings should have high resistance to "thermal fading" and quick recovery ability after being wet.

（6）For the trailer brake system, it is also required that the braking action is slightly earlier than the main vehicle, and the trailer can automatically apply emergency braking when it is uncoupled.

二、制动器 Brakes

制动器主要由旋转元件和固定元件两部分组成。旋转元件和车轮连接，同车轮一起旋转；固定元件与车桥相连，固定不动。制动时，利用旋转元件和固定元件的摩擦，产生摩擦力矩。

根据产生摩擦的工作表面不同，制动器分为鼓式制动器和盘式制动器（图 4-2）。鼓式制动器旋转元件为制动鼓，工作表面为圆柱面。盘式制动器旋转元件为圆盘状的制动盘，工作表面是端面。

Brakes are mainly composed of two parts: rotating components and stationary components. The rotating component is connected to the wheel and rotates with the wheel; the stationary component is connected to the axle and remains stationary. During braking, friction torque is generated by the friction between the rotating and stationary components.

According to the different working surfaces that generate friction, brakes are divided into drum brakes and discbrakes (Fig. 4-2). The rotating component of a drum brake is a brake drum, and the working surface is a cylindrical surface. The rotating component of a disc brake is a disc-shaped brake disc, and the working surface is an end face.

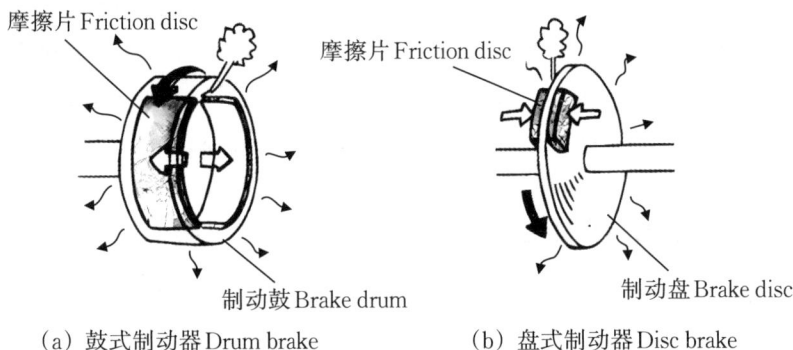

摩擦片 Friction disc

摩擦片 Friction disc

制动鼓 Brake drum

制动盘 Brake disc

（a）鼓式制动器 Drum brake　　　　（b）盘式制动器 Disc brake

图4-2　制动器的类型

Fig. 4-2　Types of brakes

（一）鼓式制动器 Drum brakes

鼓式制动器主要由制动踏板、制动轮缸（或凸轮）、制动蹄、制动鼓及复位弹簧等组成。鼓式制动器分解图如图4-3所示。

鼓式制动器的结构类型很多，但从其制动蹄片的工作特性方面来说，制动蹄片上产生的摩擦力矩因受制动鼓旋转方向的影响而有明显差异，所以鼓式制动器中的制动蹄就有领蹄和从蹄之分。各类鼓式制动器基本上就是这两种制动蹄的组合。当制动时，制动蹄受到力的作用而张开，与

zhì dòng gǔ de nèi biǎo miàn fā shēng mó cā
制动鼓的内表面发生摩擦。

Drum brakes are mainly composed of the brake pedal, brake wheel cylinder (or cam), brake shoe, brake drum, and return spring. Exploded view of a drum brake is shown in Fig. 4-3.

There are many types of drum brakes, but in terms of the working characteristics of the brake shoes, the friction torque generated on the brake shoes is significantly affected by the rotation direction of the brake drum. Therefore, the brake shoes in drum brakes are divided into leading shoes and trailing shoes. Various drum brakes are basically combinations of these two types of brake shoes. When braking, the brake shoes are opened by force and friction occurs with the inner surface of the brake drum.

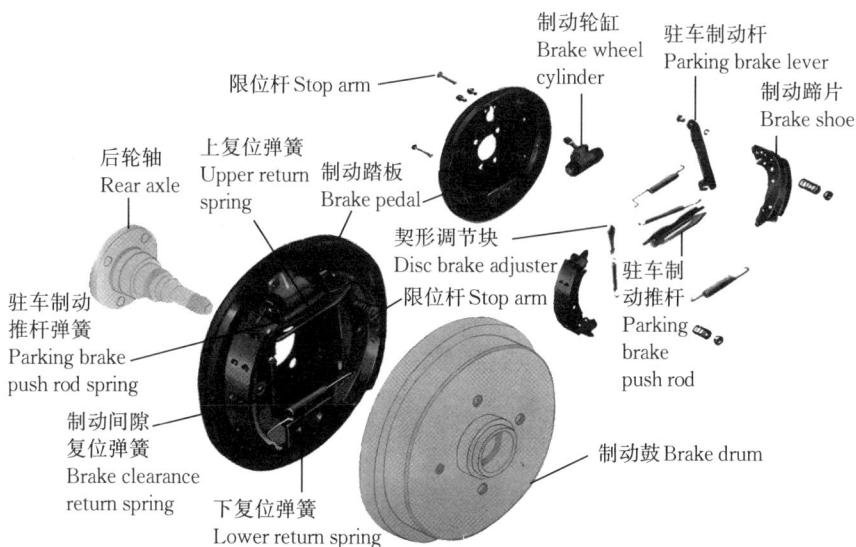

图4-3　鼓式制动器分解图

Fig. 4-3　Exploded view of a drum brake

鼓式制动器多为内张双蹄式，按张开装置的不同，可分为轮缸制动器和凸轮制动器。前者以液压轮缸作为制动蹄促动装置，后者以凸轮作为促动装置。

Drum brakes are mostly internal expanding double-shoe type. According to the different opening devices, they can be divided into wheel cylinder brakes and cam brakes. The former uses a hydraulic wheel cylinder as the brake shoe actuation device, while the latter uses a cam as the actuation device.

（二）盘式制动器 Disc brakes

盘式制动器是由摩擦衬块从两侧夹紧与车轮共同旋转的制动盘后而产生制动效能的。盘式制动器的结构如图4-4所示。盘式制动器的旋转元件是金属盘，称为制动盘。不动的摩擦元件是制动钳或钢制圆盘。盘式制动器可分为固定钳盘式和浮钳盘式两类。

盘式制动器具有散热能力强、热稳定性能好、制动效能稳定、抗水衰退能力强等特点。轿车、小客车的前轮大多数采用盘式制动器。

Disc brakes generate braking force by clamping the brake disc, which rotates with the wheel, from both sides with friction linings. Construction of a disc brake is shown in Fig. 4-4. The rotating component of a disc

brake is a metal disc, called the brake disc. The stationary friction component is the brake caliper or a steel disc. Disc brakes can be divided into fixed caliper type and floating caliper type.

Disc brakes have the advantages of strong heat dissipation capacity, good thermal stability, stable braking performance, and strong resistance to water fading. Most front wheels of cars and vans use disc brakes.

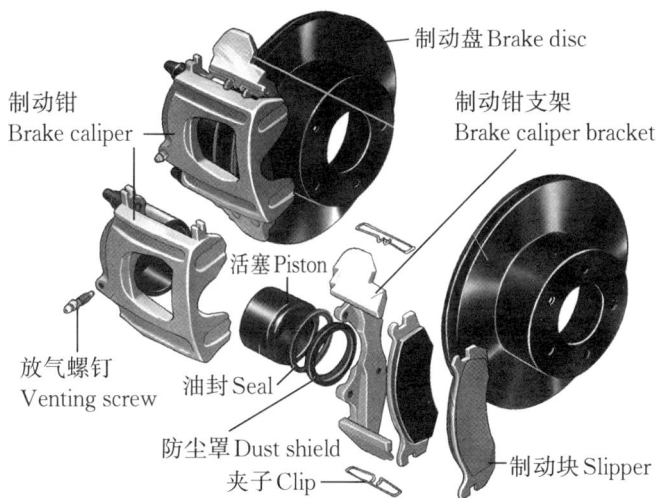

制动盘 Brake disc

制动钳
Brake caliper

制动钳支架
Brake caliper bracket

活塞 Piston

放气螺钉
Venting screw

油封 Seal

防尘罩 Dust shield
夹子 Clip

制动块 Slipper

tú pán shì zhì dòng qì de jié gòu
图4-4　盘式制动器的结构

Fig. 4-4　Construction of a disc brake

pán shì zhì dòng qì hé gǔ shì zhì dòng qì de xìng néng duì bǐ
（三）盘式制动器和鼓式制动器的性能对比

Performance comparison between disc brakes and drum brakes

pán shì zhì dòng qì yǔ gǔ shì zhì dòng qì xiāng bǐ yǒu yǐ xià yōu diǎn
（1）盘式制动器与鼓式制动器相比，有以下优点：

yī bān wú mó cā zhù shì zuò yòng yīn ér zhì dòng qì xiào néng shòu mó cā xì shù
①一般无摩擦助势作用，因而制动器效能受摩擦系数

de yǐng xiǎng jiào xiǎo jí xiào néng jiào wěn dìng
的影响较小，即效能较稳定；

② 浸水后效能降低较少，而且只需经一两次制动即可恢复正常；

③ 在输出制动力矩相同的情况下，尺寸和质量一般较小；

④ 制动盘沿厚度方向的热膨胀量极小，不会像制动鼓的热膨胀那样使制动器间隙明显增加而导致制动踏板行程过大；

⑤ 较容易实现间隙自动调整，其他保养修理作业也较简便；

⑥ 因为制动盘外露，还有散热良好的优点。

（1）Advantages of disc brakes compared to drum brakes：

①Generally, there is no friction-assisting effect, so the braking performance of the brake is less affected by the friction coefficient, that is, the performance is more stable；

②The performance degradation after water immersion is less, and it only takes one or two brakes to return to normal；

③For the same output braking torque, the size and mass are generally smaller；

④The thermal expansion of the brake disc in the thickness direction is very small, and it will not cause the brake clearance to increase significantly and lead to excessive brake pedal travel like the thermal expansion of the brake drum；

⑤It is easier to achieve automatic clearance adjustment, and other maintenance and repair operations are also easier.

⑥Because the brake disc is exposed, it also has the advantage of good heat dissipation.

pán shì zhì dòng qì bù zú zhī chù rú xià
（2）盘式制动器不足之处如下：

xiào néng jiào dī   gù yòng yú yè yā zhì dòng xì tǒng shí suǒ xū zhì dòng cù dòng guǎn
① 效能较低，故用于液压制动系统时所需制动促动管
lù yā lì jiào gāo   yì bān yào yòng sì fú zhuāng zhì
路压力较高，一般要用伺服装置；

jiān yòng yú zhù chē zhì dòng shí   xū yào jiā zhuāng zhù chē zhì dòng chuán dòng zhuāng zhì
② 兼用于驻车制动时，需要加装驻车制动传动装置，
jiào gǔ shì zhì dòng qì fù zá   yīn ér zài hòu lún shang de yìng yòng shòu dào xiàn zhì
较鼓式制动器复杂，因而在后轮上的应用受到限制。

mù qián   pán shì zhì dòng qì yǐ bèi guǎng fàn yìng yòng yú jiào chē shang   dàn chú yòng yú yī
目前，盘式制动器已被广泛应用于轿车上。但除用于一
xiē gāo xìng néng jiào chē shang de quán bù chē lún wài   pán shì zhì dòng qì dà duō shù zhǐ yòng zuò
些高性能轿车上的全部车轮外，盘式制动器大多数只用作
qián lún zhì dòng qì   ér yǔ hòu lún de gǔ shì zhì dòng qì pèi hé   yǐ qī qì chē zhì dòng
前轮制动器，而与后轮的鼓式制动器配合，以期汽车制动
shí huò dé jiào gāo de fāng xiàng wěn dìng xìng
时获得较高的方向稳定性。

（2）Disadvantages of disc brakes：

①The efficiency is lower, so the brake actuation line pressure required for the hydraulic brake system is higher, and a servo device is generally required.

②When used for parking brakes, it is necessary to add a parking brake transmission device, which is more complicated than drum brakes, so its application on the rear wheels is limited.

Currently, disc brakes have been widely used in cars. However, except for all wheels on some high-performance cars, disc brakes are mostly only used as front-wheel brakes and are combined with rear-wheel drum brakes to achieve higher directional stability during braking.

（四）驻车制动器 Parking brake

驻车制动器通常是指机动车辆上安装的手动刹车装置（简称"手刹"），在车辆停稳后用于稳定车辆，避免车辆在斜坡路面上停车时由于溜车造成事故。常见的手刹一般置于驾驶人右手下垂位置，便于使用。目前市场上的部分自动挡车型均在驾驶人左脚外侧设计了功能与手刹相同的制动踏板，个别先进车型亦加装了电子驻车制动系统。

The parking brake, also known as the handbrake, is a manual braking device installed on motor vehicles. It is used to stabilize the vehicle after it has stopped, preventing it from rolling on slopes and causing accidents. The handbrake is typically located on the driver's right side, within easy reach. Currently, some automatic transmission models on the market have a brake pedal with the same function as the handbrake, designed on the outer side of the driver's left foot. Some advanced models are also equipped with electronic parking brake systems.

三、制动器的检测与维修
Brake inspection and maintenance

（一）盘式制动器的检修 Disc brake overhaul

1. 检查制动盘表面磨损及厚度

Inspecting brake disc surface wear and thickness

（1）卸下车轮及卡钳，但不能将制动软管从钳上取下，

kě yǐ yòng yī gè　　gōu bǎ qián gōu zhù　　zhè yàng bù zhì yú ràng zhì dòng ruǎn guǎn sōng tuō ér diào
可以用一个S勾把钳勾住，这样不致于让制动软管松脱而掉

luò　　chāi xiè zhì dòng kǎ qián shang de zhì dòng fēn bèng rú tú　　suǒ shì
落。拆卸制动卡钳上的制动分泵如图4-5所示。

jiǎn chá zhì dòng pán yǒu wú guò dù mó sǔn　　sǔn huài　　bì yào shí yīng gēng huàn
（2）检查制动盘有无过度磨损、损坏，必要时应更换。

kǎ qián xiāo luó shuān de níng jǐn niǔ jù yīng mǎn zú jì shù yāo qiú
（3）卡钳销螺栓的拧紧扭矩应满足技术要求。

zài jù zhì dòng pán duàn miàn wài biān yuán　　　　wèi zhì　　yán yuán zhōu　gè děng
（4）在距制动盘断面外边缘10 mm位置，沿圆周8个等

fēn diǎn　　yòng qiān fēn chǐ huò luó xuán cè wēi qì cè liáng zhì dòng pán hòu dù　　rú tú　　suǒ
分点，用千分尺或螺旋测微器测量制动盘厚度，如图4-6所

shì　　gè cè liáng zhí zhōng hòu dù zhī chā bù néng chāo guò　　　　　　rú guǒ hòu dù zhī
示。8个测量值中厚度之差不能超过0.005 mm。如果厚度之

chā chāo guò guī dìng zhí　　yīng gēng huàn zhì dòng pán huò chē xiāo zhì dòng pán　gè děng fēn diǎn de
差超过规定值，应更换制动盘或车削制动盘。8个等分点的

cè liáng zhí de píng jūn shù jiù shì zhì dòng pán de hòu dù　　yì bān qíng kuàng xià jiào chē de biāo
测量值的平均数就是制动盘的厚度，一般情况下轿车的标

zhǔn hòu dù wéi　　　　　　shǐ yòng jí xiàn wéi　　　　　ruò zhì dòng pán hòu dù chāo guò
准厚度为22 mm，使用极限为19 mm。若制动盘厚度超过

shǐ yòng jí xiàn　　zé bì xū gēng huàn zhì dòng pán
使用极限，则必须更换制动盘。

（1）Remove the wheel and caliper, but do not disconnect the brake hose from the caliper. Use an S-hook to hang the caliper to prevent the brake hose from loosening and falling off. Removing the brake wheel cylinder from the brake caliper is shown in Fig. 4-5.

（2）Check the brake disc for excessive wear or damage, and replace it if necessary.

（3）The tightening torque of the caliper pin bolts should meet technical requirements.

（4）At a position 10 mm from the outer edge of the brake disc cross-section, measure the brake disc thickness at 8 equidistant points along the circumference using a micrometer or vernier caliper, as shown in Fig. 4-6.

The thickness difference among the 8 measurements should not exceed 0.005 mm. If the thickness difference exceeds the specified value, the brake disc should be replaced or machined. The average of the 8 measurements is the thickness of the brake disc. Generally, the standard thickness of a car brake disc is 22 mm, and the wear limit is 19 mm. If the brake disc thickness exceeds the wear limit, the brake disc must be replaced.

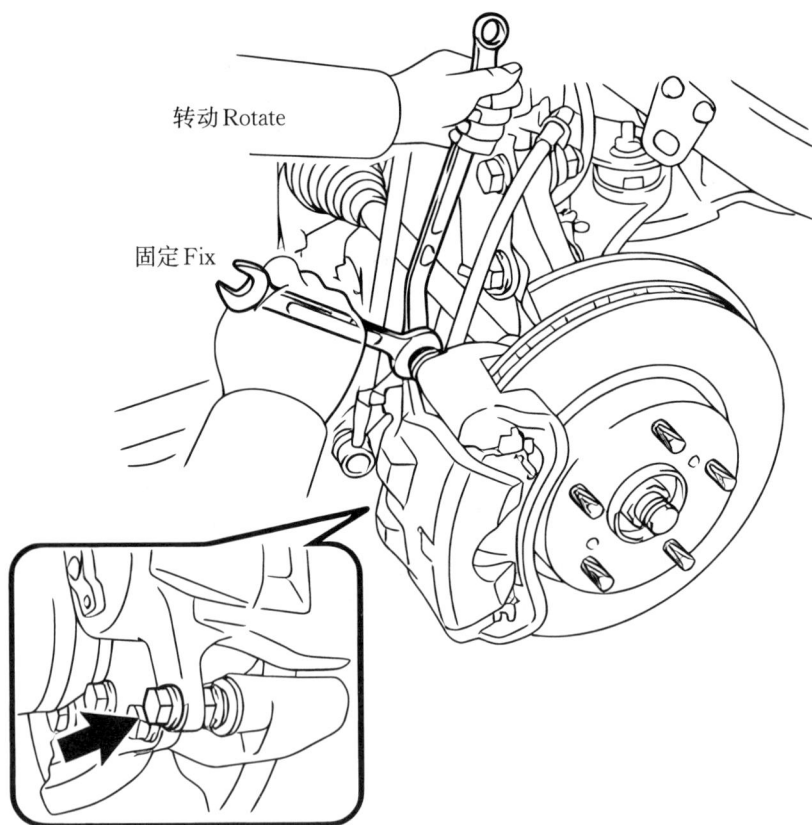

转动 Rotate

固定 Fix

tú
图 4-5　拆卸制动卡钳 上的制动分泵
chāi xiè zhì dòng kǎ qián shang de zhì dòng fēn bèng

Fig. 4-5　Removing the brake wheel cylinder from the brake caliper

螺旋测微器
Micrometer screw

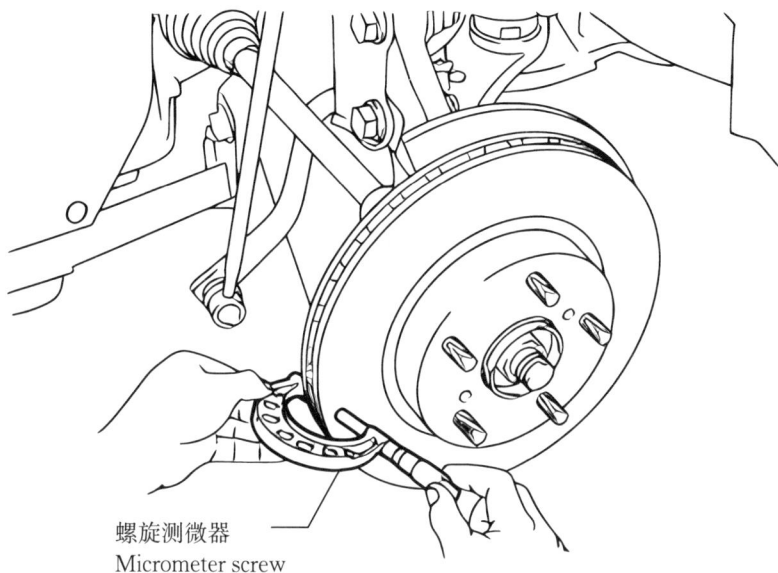

tú   cè liáng zhì dòng pán hòu dù
图4-6　测量制动盘厚度

Fig. 4-6　Measuring brake disc thickness

jiǎn chá zhì dòng pán de tiào dòng liàng
2. 检查制动盘的跳动量 Checking brake disc runout

yòng cí lì biǎo zuò hé bǎi fēn biǎo de zǔ hé lái cè liáng zhì dòng pán de tiào dòng liàng
用磁力表座和百分表的组合来测量制动盘的跳动量

tú   shǐ yòng jí xiàn wéi   rú guǒ zhì dòng pán tiào dòng liàng chāo guò
（图 4-7），使用极限为 0.05 mm。如果制动盘跳动量超过

zhì dòng shí jiù huì yǒu zhì dòng fā dǒu děng gù zhàng xiàn xiàng   yīng wéi xiū huò gēng
0.05 mm，制动时就会有制动发抖等故障现象，应维修或更

huàn zhì dòng pán
换制动盘。

Use a combination of a magnetic base and a dial indicator to measure brake disc runout（Fig. 4-7）. The wear limit is 0.05 mm. If the brake disc runout exceeds 0.05 mm，there will be brake judder and other faults during braking，and the brake disc should be repaired or replaced.

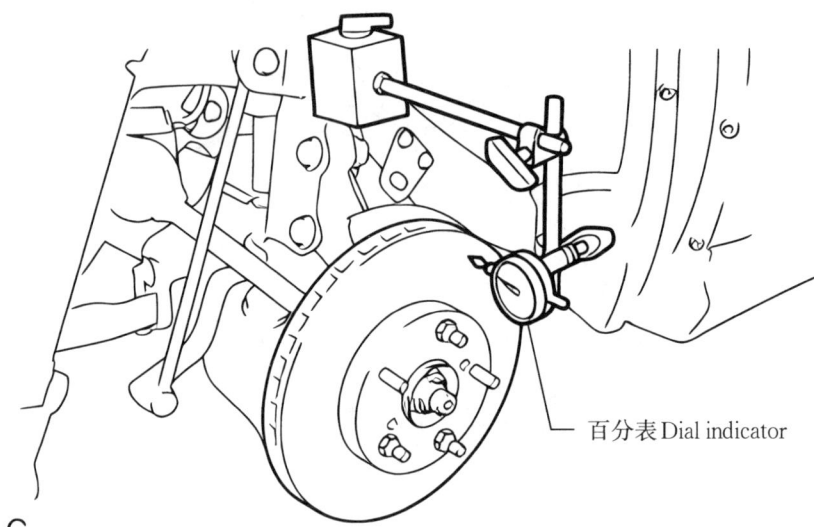

百分表 Dial indicator

tú   cè liáng zhì dòng pán de tiào dòng liàng
图 4-7 测量制动盘的跳动量

Fig. 4-7 Measuring brake disc runout

jiǎn chá zhì dòng piàn hòu dù
3. 检查制动片厚度 Checking brake pad thickness

zhì dòng piàn de zǒng hòu dù biāo zhǔn zhí wéi   shǐ yòng jí xiàn wéi
制动片的总厚度标准值为 14 mm，使用极限为 7 mm。

zhì dòng piàn mó cā piàn hòu dù mó sǔn jí xiàn de cán yú hòu dù yīng bù xiǎo yú   ruò
制动片摩擦片厚度磨损极限的残余厚度应不小于 1 mm。若

chāo guò jí xiàn mó sǔn   jiù bì xū gēng huàn zhì dòng piàn zhì dòng piàn hòu dù de cè liáng rú
超过极限磨损，就必须更换制动片。制动片厚度的测量如

tú suǒ shì
图 4-8 所示。

The standard total thickness of the brake pad is 14 mm, and the wear limit is 7 mm. The minimum remaining thickness of the brake pad friction material at the wear limit should not be less than 1 mm. If the wear exceeds the limit, the brake pads must be replaced. Measurement of brake pad thickness is shown in Fig. 4-8.

直尺 Ruler

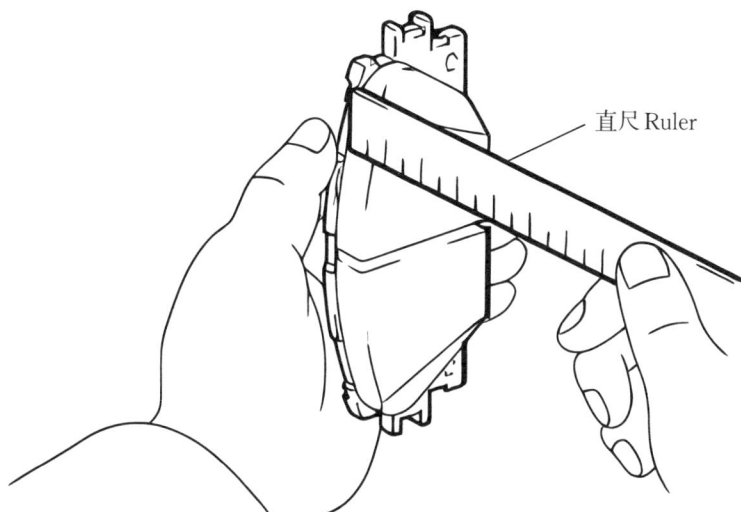

tú　　　　　　zhì dòng piàn hòu dù de cè liáng
图4-8　制动片厚度的测量

Fig. 4-8　Measurement of brake pad thickness

gǔ shì zhì dòng qì de jiǎn xiū
（二）鼓式制动器的检修 Drum brake overhaul

gǔ shì zhì dòng qì de jiǎn xiū
1. 鼓式制动器的检修 Drum brake inspection

　　gǔ shì zhì dòng qì yě chēng zhì dòng gǔ　　zhì dòng gǔ cháng jiàn de sǔn shāng zhǔ yào shì gōng zuò
　　鼓式制动器也称制动鼓。制动鼓常见的损伤主要是工作

biǎo miàn de mó sǔn　　biàn xíng hé liè wén
表面的磨损、变形和裂纹。

　　　　zhì dòng gǔ bù dé yǒu rèn hé xíng shì de liè wén　　fǒu zé yīng gēng huàn xīn jiàn　　zhì dòng
　　　　制动鼓不得有任何形式的裂纹，否则应更换新件。制动

gǔ nèi jìng de cè liáng rú tú　　　　suǒ shì　　nèi yuán zhù miàn de yuán dù wù chā bù dé dà yú
鼓内径的测量如图4-9所示，内圆柱面的圆度误差不得大于

yuán zhù dù wù chā bù dé dà yú　　　　　　　　　　zhí jìng bù néng chāo guò chē
0.15 mm，圆柱度误差不得大于0.05 mm，直径不能超过车

lún guī dìng de jí xiàn zhí　　　　jìn kǒu qì chē zhì dòng gǔ yuán zhù miàn shàng yī bān dōu biāo yǒu yǔn
轮规定的极限值。进口汽车制动鼓圆柱面上一般都标有允

xǔ de zuì dà zhí jìng　　chāo guò guī dìng zhí shí yīng gēng huàn　　jiào chē zhì dòng gǔ zhí jìng de
许的最大直径，超过规定值时应更换。轿车制动鼓直径的

标准为200 mm，极限直径为201 mm。

制动鼓内工作表面对旋转轴线的径向全跳动误差不得大于0.10 mm。当制动鼓圆度、圆柱度、径向全跳动误差超过规定时，应对制动鼓进行镗削，镗削后的制动鼓内径不得超过极限值，同轴两侧制动鼓的直径差应小于1 mm。

Drum brakes are also known as brake drums. Common damage to brake drums mainly includes wear, deformation, and cracks on the working surface.

Brake drums should not have any cracks; otherwise, they should be replaced with new ones. Measurement of the inner diameter of the brake drum is shown in Fig. 4-9. The roundness error of the inner cylindrical surface should not be greater than 0.15 mm, the cylindricity error should not be greater than 0.05 mm, and the diameter should not exceed the limit specified for the wheel. The maximum allowable diameter is usually marked on the cylindrical surface of imported car brake drums. If it exceeds the specified value, it should be replaced. The standard diameter of a car brake drum is 200 mm, and the limit diameter is 201 mm.

The radial runout error of the inner working surface of the brake drum relative to the axis of rotation should not be greater than 0.10 mm. When the roundness, cylindricity, and radial runout error of the brake drum exceed the specified value, the brake drum should be machined. The inner diameter of the machined brake drum should not exceed the limit value, and the diameter difference between the two brake drums on the same axle should be less than 1 mm.

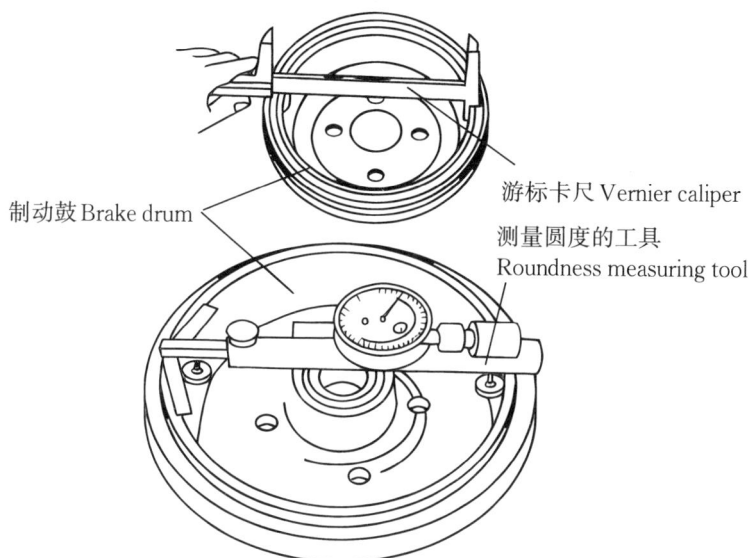

制动鼓 Brake drum

游标卡尺 Vernier caliper

测量圆度的工具
Roundness measuring tool

tú　　　　zhì dòng gǔ nèi jìng de cè liáng
图4-9　制动鼓内径的测量

Fig. 4-9　Measurement of the inner diameter of the brake drum

zhì dòng tí shang zhì dòng piàn de jiǎn xiū
2. 制动蹄上制动片的检修

Inspection of brake shoes on brake shoes

zhì dòng tí de cháng jiàn sǔn shāng xíng shì wéi mó cā piàn mó sǔn　　jūn liè　zhì dòng tí
制动蹄的常见损伤形式为摩擦片磨损、龟裂、制动蹄
zhī chéng kǒng de mó sǔn děng
支承孔的磨损等。

zhì dòng tí shang bù dé yǒu liè wén hé biàn xíng　　zhī chéng xiāo kǒng yǔ zhī chéng xiāo
（1）制动蹄上不得有裂纹和变形，支承销孔与支承销
de kǒng pèi hé yīng fú hé yuán shè jì guī dìng
的孔配合应符合原设计规定。

zhì dòng tí mó cā piàn de mó sǔn liàng bù dé chāo guò guī dìng zhí
（2）制动蹄摩擦片的磨损量不得超过规定值。

dāng mǎo dīng tóu de chén rù liàng xiǎo yú　　　　　　　mó cā piàn jūn liè hé yán
（3）当铆钉头的沉入量小于0.5 mm、摩擦片龟裂和严
zhòng lòu yóu shí　yīng gēng huàn mó cā piàn
重漏油时，应更换摩擦片。

135

mó cā piàn hé zhì dòng tí yīng yán mì tiē hé
（4）摩擦片和制动蹄应严密贴合。

bù dé diàn rù shí mián diàn yǐ miǎn yǐng xiǎng mó cā piàn de sàn rè jú bù
（5）不得垫入石棉垫，以免影响摩擦片的散热，局部

zuì dà fèng xì bù dé chāo guò
最大缝隙不得超过0.10 mm。

Common damage to brake shoes includes friction lining wear, cracking, and wear of the brake shoe support holes.

（1）The brake shoes should not have cracks or deformation, and the fit between the support pin hole and the support pin should meet the original design specifications.

（2）The wear of the brake shoe friction linings should not exceed the specified value.

（3）When the countersink depth of the rivet head is less than 0.5 mm, the friction lining is cracked, or there is serious oil leakage, the friction lining should be replaced.

（4）The friction lining and brake shoe should be tightly fitted.

（5）Do not insert asbestos pads, as this will affect the heat dissipation of the friction linings. The maximum local gap should not exceed 0.10 mm.

rèn wu shí shī
任务实施Teaching Task

pán shì zhì dòng qì de chāi zhuāng yǔ jiǎn xiū
盘式制动器的拆装与检修
Disassembly, Assembly, and Maintenance of Disc Brakes

shí shī mù dì
一、实施目的 Objectives

néng wán chéng pán shì zhì dòng qì de chāi zhuāng
（1）能完成盘式制动器的拆装。

（2）能使用各种仪器仪表检修盘式制动器。

（1）Have the ability to disassemble and assemble disc brakes.

（2）Have the ability to inspect and repair disc brakes using various instruments and gauges.

二、技能训练准备 Preparation for Skills Training

（一）所需设备、工（量）具及材料

Required Equipment, Tools, and Materials

实训用车辆、维修手册、拆装工具、检测量具、前格栅布、翼子板布、车内防护三件套、车轮挡块等。

Training vehicle, repair manual, disassembly and assembly tools, inspection and measuring tools, front grille cover, fender cover, car interior protective set, wheel chocks, etc.

（二）安全防护用品 Safety Protective Equipment

标准作业工装、安全鞋、护目镜、手套等。

Standard work clothes, safety shoes, goggles, gloves, etc.

（三）汽车信息收集 Vehicle Description

车牌号码：_____

License Plate Number：_____

车辆型号：_____

Vehicle Model : _____

mǎ
VIN 码 : _____

VIN : _____

xíng shǐ lǐ chéng
行驶里程 : _____

Mileage : _____

三、技术规范与注意事项
jì shù guī fàn yǔ zhù yì shì xiàng

Technical Specifications and Precautions

（1）制动片检查周期为 7500 km，更换周期为 4 万~5 万 km。
zhì dòng piàn jiǎn chá zhōu qī wéi　　　　gēng huàn zhōu qī wéi wàn wàn

（2）制动鼓内径为 200 mm，磨损极限不大于 1 mm，圆
zhì dòng gǔ nèi jìng wéi　　　　mó sǔn jí xiàn bù dà yú yuán

度误差不大于 0.10 mm。
dù wù chā bù dà yú

（3）车轮螺栓力矩为 110 N·m，制动钳壳体力矩为
chē lún luó shuān lì jǔ wéi　　　　zhì dòng qián ké tǐ lì jǔ wéi

70 N·m。

（4）安装时，禁止将油液、油脂和水等粘附到制动摩
ān zhuāng shí　jìn zhǐ jiāng yóu yè　yóu zhī hé shuǐ děng zhān fù dào zhì dòng mó

擦片上。
cā piàn shang

（5）举升作业时，一定要遵守举升机使用安全规范，
jǔ shēng zuò yè shí　yí dìng yào zūn shǒu jǔ shēng jī shǐ yòng ān quán guī fàn

严禁违规操作，注意穿戴好防护用具。
yán jìn wéi guī cāo zuò　zhù yì chuān dài hǎo fáng hù yòng jù

（6）使用维修手册时，要注意避免残缺不全，资料应
shǐ yòng wéi xiū shǒu cè shí　yào zhù yì bì miǎn cán quē bù quán　zī liào yīng

与使用车辆型号相对应。
yǔ shǐ yòng chē liàng xíng hào xiāng duì yìng

（7）要遵守维修手册规定的其他技术和安全要求。
yào zūn shǒu wéi xiū shǒu cè guī dìng de qí tā jì shù hé ān quán yào qiú

（1）The inspection interval for brake pads is 7,500 km, and the replacement interval is 40,000~50,000 km.

（2）The inner diameter of the brake drum is 200 mm, with a wear limit not exceeding 1 mm and a roundness error not exceeding 0.10 mm.

（3）The wheel bolt torque is 110 N·m, and the brake caliper housing torque is 70 N·m.

（4）When installing, do not allow oil, grease, or water to adhere to the brake friction pads.

（5）When lifting the vehicle, strictly follow the safety regulations for using the lift. Do not operate in violation of regulations, and wear protective equipment.

（6）When using the repair manual, pay attention to avoid incomplete information, and ensure that the information corresponds to the vehicle model being serviced.

（7）Comply with all other technical and safety requirements specified in the repair manual.

四、实施步骤及方法
shí shī bù zhòu jí fāng fǎ

Implementation Steps and Methods

（一）检修作业的准备及预检
jiǎn xiū zuò yè de zhǔn bèi jí yù jiǎn

Preparation and pre-inspection for the repair work

1. 一般准备工作 General Preparation
yī bān zhǔn bèi gōng zuò

（1）与小组成员共同清洁场地。　　　　□任务完成
yǔ xiǎo zǔ chéng yuán gòng tóng qīng jié chǎng dì

（2）清点所需工具、量具数量和种类。　□任务完成
qīng diǎn suǒ xū gōng jù　liáng jù shù liàng hé zhǒng lèi

（3）检查设备、工具和量具性能是否良好。□任务完成
jiǎn chá shè bèi　gōng jù hé liáng jù xìng néng shì fǒu liáng hǎo

（1）Clean the work area together with group members.

☐ Task Completed

（2）Verify the quantity and types of required tools and measuring instruments. ☐ Task Completed

（3）Inspect the condition of the equipment, tools, and measuring instruments to ensure they are in good working order.

☐ Task Completed

ān quán fáng hù zhǔn bèi gōng zuò
2. 安全防护准备工作 Safety preparation

ān zhuāng chē lún dǎng kuài zǔ dǎng chē lún
（1）安装车轮挡块阻挡车轮。　　　rèn wu wán chéng ☐任务完成

shǐ yòng kōng dǎng hé zhù chē zhì dòng
（2）使用空挡和驻车制动。　　　rèn wu wán chéng ☐任务完成

ān zhuāng hǎo qián gé shān bù jí hù tào
（3）安装好前格栅布及护套。　　　rèn wu wán chéng ☐任务完成

（1）Install wheel chocks to block the wheels. ☐ Task Completed

（2）Use neutral gear and parking brakes. ☐ Task Completed

（3）Install front grille cover and protective covers.

☐ Task Completed

fā dòng jī jī cāng yù jiǎn
3. 发动机机舱预检

Engine compartment pre-inspection

jiǎn chá fā dòng jī lěng què yè yè wèi
（1）检查发动机冷却液液位。　zhèng cháng ☐正常　bù zhèng cháng ☐不正常

jiǎn chá fā dòng jī jī yóu yè wèi
（2）检查发动机机油液位。　zhèng cháng ☐正常　bù zhèng cháng ☐不正常

jiǎn chá zhì dòng yè yè wèi
（3）检查制动液液位。　zhèng cháng ☐正常　bù zhèng cháng ☐不正常

jiǎn chá guā shuǐ qì pēn xǐ qì yè miàn
（4）检查刮水器、喷洗器液面。　zhèng cháng ☐正常　bù zhèng cháng ☐不正常

（1）Check engine coolant level. ☐ Normal ☐ Abnormal

（2）Check engine oil level.　　　　☐ Normal ☐ Abnormal

（3）Check brake fluid level.　　　　☐ Normal ☐ Abnormal

（4）Check the wiper and washer fluid level.

☐ Normal ☐ Abnormal

pán shì zhì dòng qì de chāi zhuāng yǔ jiǎn xiū
（二）盘式制动器的拆装与检修

Disassembly, assembly, and maintenance of disc brakes

chāi xià chē lún
1. 拆下车轮

rèn wu wán chéng
☐任务完成

Remove the wheel　　　　　　☐ Task Completed

用举升机或千斤顶将车身稍稍顶起，车轮不得离地，此时对角松开车轮螺栓。把车轮举升离开地面，拆下车轮螺栓，用双手托住车轮两侧，取下车轮。拆卸车轮如图4-10所示。

Use a lift or jack to slightly raise the vehicle body, ensuring the wheels do not leave the ground. Loosen the wheel bolts diagonally. Raise the wheel off the ground. Remove the wheel bolts. Support both sides of the wheel with both hands and remove the wheel. Removing the wheel is shown in Fig. 4-10.

chāi xià zhì dòng fēn bèng
2. 拆下制动分泵

rèn wu wán chéng
☐任务完成

Remove the brake caliper　　　　☐ Task completed

松开制动钳分泵的紧固螺栓（拧紧力矩为40 N·m），拆下时把制动钳活塞压回制动钳壳体内，取下制动钳，注意保护皮碗、油管等。拆卸制动分泵如图4-11所示。

Loosen the fixing bolts of the brake caliper （tightening torque is 40 N·m）. When removing，press the brake caliper piston back into the brake caliper housing，and remove the brake caliper，taking care to protect the dust boot and oil pipe. Removing the brake caliper is shown in Fig. 4-11.

tú   chāi xiè chē lún
图4-10　拆卸车轮

Fig. 4-10　Removing the wheel

制动分泵Brake caliper

tú   chāi xiè zhì dòng fēn bèng
图4-11　拆卸制动分泵

Fig. 4-11　Removing the brake caliper

chāi xià   qīng jié hé jiǎn xiū zhì dòng mó cā kuài   rèn wu wán chéng
3. 拆下、清洁和检修制动摩擦块　　□任务完成

Remove，clean，and inspect brake friction pads　　□ Task Completed

cóng zhì dòng fēn bèng shang chāi xià zhì dòng mó cā kuài   yòng chuī chén qiāng qīng jié mó cā kuài
从制动分泵上拆下制动摩擦块，用吹尘枪清洁摩擦块

biǎo miàn hé zhì dòng fēn bèng   jiǎn chá zhì dòng fēn bèng yǒu wú xiè lòu   lǎo huà huò fǔ shí
表面和制动分泵，检查制动分泵有无泄露、老化或腐蚀。

jiǎn chá mó cā kuài de mó sǔn qíng kuàng   mó cā piàn hòu dù   nèi cè wéi
检查摩擦块的磨损情况：摩擦片厚度，内侧为＿＿＿＿＿，

wài cè wéi   nèi wài cè gè liǎng gè diǎn
外侧为＿＿＿＿＿、＿＿＿＿＿（内外侧各两个点），

mó cā piàn píng jūn hòu dù wéi   cǐ mó cā kuài de hòu dù mó sǔn jí
摩擦片平均厚度为＿＿＿＿＿，此摩擦块的厚度磨损极

xiàn zhí wéi   jiǎn chá mó cā kuài de mó sǔn qíng kuàng   jūn yún huò bù
限值为＿＿＿＿＿，检查摩擦块的磨损情况（均匀或不

jūn yún   cè liáng zhì dòng piàn hòu dù rú tú   suǒ shì
均匀）。测量制动片厚度如图4-12所示。

Remove the brake friction pads from the brake caliper. Clean the surface of the friction pads and brake caliper with an air blow gun. Check the brake caliper for leaks, aging, or corrosion. Check the wear of the friction pads: inner side of friction pad thickness＿＿＿, outer side of friction pad thickness＿＿＿＿＿（two points on each side）, average thickness of friction pads＿＿＿＿＿, wear limit of this friction pad is＿＿＿＿＿, check the wear of the friction pads（even or uneven）. Measuring brake pad thickness is shown in Fig. 4-12.

4. 拆下制动钳壳体
chāi xià zhì dòng qián ké tǐ

Remove the brake caliper housing

rèn wu wán chéng
□任务完成

□ Task completed

chāi xià zhì dòng qián ké tǐ de jǐn gù luó shuān　jǐn gù luó shuān de nǐng jǐn lì jǔ wéi
拆下制动钳壳体的紧固螺栓，紧固螺栓的拧紧力矩为
chāi xiè zhì dòng qián ké tǐ rú tú　　suǒ shì
＿＿＿＿＿＿＿N·m。拆卸制动钳壳体如图4-13所示。

Remove the fixing bolts of the brake caliper housing. The tightening torque of the fixing bolts is＿＿＿＿＿N·m. Removing the brake caliper housing is shown in Fig. 4-13.

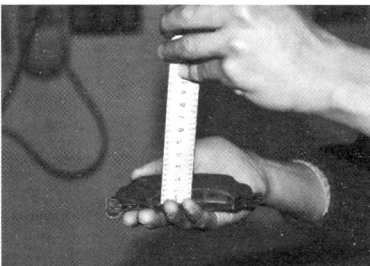

tú　　　cè liáng zhì dòng piàn hòu dù
图4-12　测量制动片厚度
Fig. 4-12　Measuring brake
pad thickness

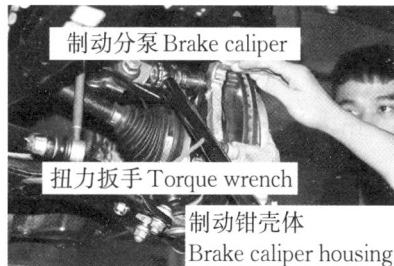

tú　　chāi xiè zhì dòng qián ké tǐ
图4-13　拆卸制动钳壳体
Fig. 4-13　Removing the brake
caliper housing

5. 拆下、清洁和检修制动盘　　□任务完成

Remove, clean, and inspect the brake disc　　□ Task Completed

双手托住制动盘，轻轻取下制动盘，用吹尘枪清洁制动盘表面。用螺旋测微器检查制动盘厚度，其值为_____（应测量圆周均匀3个点的厚度值并取平均值，测量制动盘厚度如图4-14所示），制动盘厚度标准值为_____，磨损极限是_____。制动盘是否合格？　　□合格　□不合格

Support the brake disc withboth hands and gently remove it. Clean the brake disc surface with an air blow gun. Check the brake disc thickness with a micrometer screw, and the value is_____ (The thickness of 3 evenly distributed points on the circumference should be measured and averaged. Measuring brake disc thickness is shown in Fig. 4-14). The standard thickness of the brake disc is_____, and the wear limit is_____. Is the brake disc qualified?　　□ Yes □ No

6. 安装制动盘　　□任务完成

Install the brake disc　　□ Task completed

制动盘安装到位后，用车轮螺栓（至少3颗以上）固定制动盘。安装制动盘如图4-15所示，其拧紧力矩为_____N·m。

After the brake disc is in place, fix it with wheelbolts (at least 3). Installing the brake disc is shown in Fig. 4-15, and the tightening torque is_____N•m.

沿制动盘圆周均匀测量3个点
Measure at 3 points evenly spaced around the circumference of the brake disc

螺旋测微器 Micrometer screw	扭力扳手 Torque wrench
SST	
	制动盘Brake disc

tú   cè liáng zhì dòng pán hòu dù
图4-14   测量制动盘厚度
Fig. 4-14   Measuring brake
disc thickness

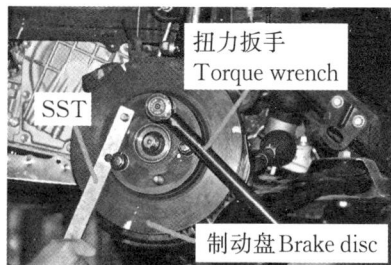

tú   ān zhuāng zhì dòng pán
图4-15   安装制动盘
Fig. 4-15   Installing
the brake disc

jiǎn chá zhì dòng pán tiào dòng dù
7. 检查制动盘跳动度

rèn wu wán chéng
□任务完成

Check brake disc runout

□ Task completed

cè liáng zhì dòng pán tiào dòng dù rú tú   suǒ shì   yòng cí lì biǎo zuò hé bǎi fēn
测量制动盘跳动度如图4-16所示。用磁力表座和百分

biǎo cè liáng zhì dòng pán tiào dòng dù   qí zhí wéi   jí xiàn zhí shì
表测量制动盘跳动度，其值为_____，极限值是_____。

zhì dòng pán shì fǒu hé gé
制动盘是否合格？

hé gé   bù hé gé
□合格 □不合格

Measuring brake disc runout is shown in Fig. 4-16. Use a magnetic
base and a dial indicator to measure the brake disc runout. The value is
____, and the limit value is____. Is the brake disc qualified？ □ Yes □ No

ān zhuāng zhì dòng qián ké tǐ
8. 安装制动钳壳体

rèn wu wán chéng
□任务完成

Install the brake caliper housing

□ Task completed

ān zhuāng zhì dòng qián ké tǐ shàng   xià jǐn gù luó shuān   qí nǐng jǐn lì jǔ wéi
安装制动钳壳体上、下紧固螺栓，其拧紧力矩为

chāi xià chē lún luó shuān
_____N•m。拆下车轮螺栓。

145

Install the upper and lower fixing bolts of the brake caliper housing, and the tightening torque is_____N•m. Remove the wheel bolts.

zhuāng rù zhì dòng mó cā piàn
9. 装入制动摩擦片

Install the brake friction pads   □ Task completed

gēng huàn zhì dòng mó cā piàn shí   zhù yì yào chéng duì gēng huàn   bìng qiě zhù yì ān zhuāng
更换制动摩擦片时，注意要成对更换，并且注意安装

de fāng xiàng hé wèi zhì   ān zhuāng zhì dòng mó cā piàn rú tú   suǒ shì
的方向和位置。安装制动摩擦片如图4-17所示。

When replacing brake friction pads, be sure to replace them in pairs, and pay attention to the installation direction and position. Installing the brake friction pads is shown in Fig. 4-17.

tú 4-16   cè liáng zhì dòng pán tiào dòng dù
图4-16   测量制动盘跳动度
Fig.4-16   Measuring brake disc runout

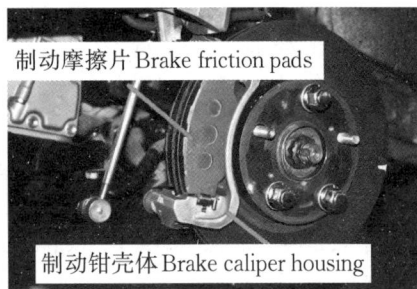

tú   ān zhuāng zhì dòng mó cā piàn
图4-17   安装制动摩擦片
Fig.4-17   Installing the brake friction pads

ān zhuāng zhì dòng fēn bèng
10. 安装制动分泵

Install the brake caliper   □ Task completed

yòng zhuān yòng gōng jù bǎ zhì dòng qián huó sāi yā huí zhì dòng qián ké tǐ nèi   ān zhuāng zhì
用专用工具把制动钳活塞压回制动钳壳体内，安装制

dòng qián shàng   xià jǐn gù luó shuān   qí nǐng jǐn lì jǔ wéi
动钳上、下紧固螺栓，其拧紧力矩为_____N•m。

Use a special tool to press the brake caliper piston back into the brake caliper housing. Install the upper and lower fixing bolts of the brake caliper，and the tightening torque is_____N•m.

11. 安装车轮
ān zhuāng chē lún

Install the wheel   □ Task completed

对角安装车轮螺栓，放下举升机或千斤顶，让车稍稍顶起，车轮不得离地。紧固车轮螺栓，车轮紧固螺栓的力矩为_____N•m。

Install the wheel bolts diagonally. Lower the lift or jack so that the car is slightly raised，and the wheels do not leave the ground. Tighten the wheel bolts，and the torque of the wheel bolts is_____N•m.

评价与反馈 Evaluation and Feedback
píng jià yǔ fǎn kuì

班级_____ 姓名_____ 指导教师_____
bān jí   xìng míng   zhǐ dǎo jiào shī

Class_____ Name_____ Instructor_____

考核项目 Items	考核内容 Content	配分/分 Total	考核标准 Assessment Criteria	得分/分 Score
技能考核 Skill Assessment	准备 Preparation	清点工具、量具，清理工位 Inventory of tools and measuring instruments；Clean up workspace	1	未做不得分 Not done：0 points	

（续表）

考核项目 kǎo hé xiàng mù Items		考核内容 kǎo hé nèi róng Content	配分/分 pèi fēn fēn Total	考核标准 kǎo hé biāo zhǔn Assessment Criteria	得分/分 dé fēn fēn Score
技能考核 jì néng kǎo hé Skill Assessment	准备 zhǔn bèi Preparation	清洁设备外观 qīng jié shè bèi wài guān Clean equipment exterior	1	未做不得分 wèi zuò bù dé fēn Not done: 0 points	
		检查电源开关 jiǎn chá diàn yuán kāi guān Check power switch	1	未做不得分 wèi zuò bù dé fēn Not done: 0 points	
		安装各种防护套 ān zhuāng gè zhǒng fáng hù tào Install protective covers	2	未做不得分 wèi zuò bù dé fēn Not done: 0 points	
		发动机机舱预检 fā dòng jī jī cāng yù jiǎn Engine bay pre-inspection	5	操作不正确扣 1~5分 cāo zuò bù zhèng què kòu fēn Incorrect operation: deduct 1~5 points	
	盘式制动器的拆装与检修 pán shì zhì dòng qì de chāi zhuāng yǔ jiǎn xiū Brake Disassembly and Maintenance	拆下车轮 chāi xià chē lún Remove wheel	3	操作不正确扣 1~3分 cāo zuò bù zhèng què kòu fēn Incorrect operation: deduct 1~3 points	

148

（续表）

kǎo hé 考核 xiàng mù 项目 Items		kǎo hé nèi róng 考核内容 Content	pèi fēn 配分/ fēn 分 Total	kǎo hé biāo zhǔn 考核标准 Assessment Criteria	dé fēn 得分/ fēn 分 Score
jì néng 技能 kǎo hé 考核 Skill Asse- ssment	pán shì 盘式 zhì dòng qì 制动器 de chāi zhuāng 的拆装 yǔ jiǎn xiū 与检修 Brake Disassembly and Maintenance	chāi xià zhì dòng fēn bèng 拆下制动分泵 Remove brake caliper	3	cāo zuò bù zhèng què kòu 操作不正确扣 fēn 1～3分 Incorrect operation： deduct 1～3 points	
		chāi xià qīng jié hé jiǎn xiū 拆下、清洁和检修 zhì dòng mó cā kuài 制动摩擦块 Remove, clean, and inspect brake friction pads	3	cāo zuò bù zhèng què kòu 操作不正确扣 fēn 1～3分 Incorrect operation： deduct 1～3 points	
		chāi xià zhì dòng qián ké tǐ 拆下制动钳壳体 Remove the brake caliper housing	3	cāo zuò bù zhèng què kòu 操作不正确扣 fēn 1～3分 Incorrect operation： deduct 1～3 points	

（续表）

kǎo hé 考核 xiàng mù 项目 Items		kǎo hé nèi róng 考核内容 Content	pèi fēn 配分/ fēn 分 Total	kǎo hé biāo zhǔn 考核标准 Assessment Criteria	dé fēn 得分/ fēn 分 Score
jì néng 技能 kǎo hé 考核 Skill Asse- ssment	pán shì 盘式 zhì dòng qì 制动器 de chāi zhuāng 的拆装 yǔ jiǎn xiū 与检修 Brake Disassembly and Maintenance	chāi xià qīng jié hé 拆下、清洁和 jiǎn xiū zhì dòng pán 检修制动盘 Remove, clean, and inspect the brake disc	3	cāo zuò bù zhèng què kòu 操作不正确扣 fēn 1~3分 Incorrect operation： deduct 1~3 points	
		ān zhuāng zhì dòng pán 安装制动盘 Install brake disc	2	cāo zuò bù zhèng què kòu 操作不正确扣 fēn 1~2分 Incorrect operation： deduct 1~2 points	
		jiǎn chá zhì dòng pán tiào dòng dù 检查制动盘跳动度 Check brake disc runout	5	jiǎn chá bù zhèngquè 检查不正确 kòu fēn 扣1~5分 Incorrect inspection： deduct 1~5 points	

（续表）

kǎo hé 考核 xiàng mù 项目 Items		kǎo hé nèi róng 考核内容 Content	pèi fēn 配分/ fēn 分 Total	kǎo hé biāo zhǔn 考核标准 Assessment Criteria	dé fēn 得分/ fēn 分 Score
jì néng 技能 kǎo hé 考核 Skill Asse- ssment	pán shì 盘式 zhì dòng qì 制动器 de chāi zhuāng 的拆装 yǔ jiǎn xiū 与检修 Brake Disassembly and Maintenance	ān zhuāng zhì dòng qián ké tǐ 安装制动钳壳体 Install brake caliper housing	4	jiǎn chá bù zhèng què 检查不正确 kòu　　　　fēn 扣1~4分 Incorrect inspection： deduct 1~4 points	
		zhuāng rù mó cā piàn 装入摩擦片 Install friction pads	3	jiǎn chá bù zhèng què 检查不正确 kòu　　　　fēn 扣1~3分 Incorrect inspection： deduct 1~3 points	
		ān zhuāng zhì dòng fēn bèng hé 安装制动分泵和 chē lún 车轮 Install brake caliper and wheel	4	tiáo zhěng bù zhèng què 调整不正确 kòu　　　　fēn 扣1~4分 Incorrect adjustment： deduct 1~4 points	

^{chū qín} ^{jì lǜ} ^{ān quán} ^{fáng hù} ^{huán bǎo} ^{zhī shi shuǐ píng} ^{xué xí néng lì kǎo}
出勤/纪律、安全/防护/环保、知识水平、学习能力考

^{hé xiàng mù bù fen jiàn fù lù yī}
核项目部分见附录一。

总结与反思见附录二。

Attendance / discipline , safety / protection / environment , knowledge level , and learning ability assessment items are detailed in the Appendix 1.

Summaries and Reflections are detailed in the Appendix 2.

任务五 TASK 5

悬架的构造与维修

Construction and Maintenance of Suspensions

rèn wu mù biāo
任务目标 Task Objects

mù biāo lèi xíng 目标类型 Object types	mù biāo yāo qiú 目标要求 Contents
zhī shi mù biāo 知识目标 Knowledge object	zhǎng wò qì chē xuán jià de gōng yòng　zǔ chéng jí fēn lèi 掌握汽车悬架的功用、组成及分类。 Acquire knowledge about the functions, components, and classifications of automotive suspensions.
jì néng mù biāo 技能目标 Practice object	néng gòu wéi xiū xuán jià xì tǒng cháng jiàn gù zhàng 1）能够维修悬架系统常见故障； Have the ability to repair common faults in suspension systems; zhǎng wò bì yào de ān quán shēng chǎn zhù yì shì xiàng 2）掌握必要的安全生产注意事项。 Keep in mind the necessary safety precautions for production.
pǐn gé mù biāo 品格目标 Competence object	péi yǎng xué shēng zì zhǔ tàn jiū de xué xí xí guàn 1）培养学生自主探究的学习习惯； Cultivate students' habit of independent learning and exploration; péi yǎng xué shēng ān quán cāo zuò de yì shí 2）培养学生安全操作的意识。 Cultivate students' awareness of safe operation.

rèn wu miáo shù 任务描述 Task Description

yī liàng jiě fàng pái qì chē zài zhí xiàn xíng shǐ shí　　chū xiàn qián lún pǎo piān de xiàn xiàng
一辆解放牌汽车在直线行驶时，出现前轮跑偏的现象。

A Jiefang truck experiences front wheel misalignment during straight-line driving.

rèn wu fēn xī 任务分析 Task Analysis

qì chē zài bù píng lù miàn shang xíng shǐ huò fā shēng chē huò pèng zhuàng shí　　qián hòu xuán jià
汽车在不平路面上行驶或发生车祸碰撞时，前后悬架

yǔ huǎn chōng xiàn wèi kuài róng yì fā shēng zhuàng jī xiàn xiàng　　róng yì dǎo zhì qián hòu xuán jià luó xuán
与缓冲限位块容易发生 撞击现象，容易导致前后悬架螺旋

tán huáng chǎn shēng jiào dà de sù xìng biàn xíng huò zhé duàn　　jiǎn zhèn qì jì shù xìng néng chà　　gōng
弹簧产生较大的塑性变形或折断。减振器技术性能差，工

zuò shī xiào huì dǎo zhì qián lún pǎo piān děng wèn tí
作失效会导致前轮跑偏等问题。

When a vehicle travels on uneven roads or is involved in an accident, the front and rear suspensions are prone to impact with buffer blocks, which can cause significant plastic deformation or breakage of the coil springs. Poor technical performance or failure of the shock absorbers can also lead to front wheel misalignment.

xiāng guān zhī shi 相关知识 Relevant Knowledge

xuán jià de jié gòu yǔ gōng yòng 一、悬架的结构与功用

Suspension structure and function

xuán jià shì chē jià huò chéng zài shi chē shēn yǔ chē qiáo huò chē lún zhī jiān de
悬架是车架（或承载式车身）与车桥（或车轮）之间的

tán xìng lián jiē zhuāng zhì　　zhǔ yào yóu tán xìng yuán jiàn　dǎo xiàng zhuāng zhì　　jiǎn zhèn qì hé héng

弹性连接装置，主要由弹性元件、导向装置、减振器和横

xiàng wěn dìng gǎn děng zǔ chéng　xuán jià de jié gòu rú tú　　suǒ shì

向稳定杆等组成。悬架的结构如图5-1所示。

xuán jià de gōng yòng rú xià

悬架的功用如下。

huǎn chōng hé jiǎn zhèn　　　yì zhì　huǎn hé yóu bù píng lù miàn yǐn qǐ de zhèn dòng

（1）缓冲和减振：抑制、缓和由不平路面引起的振动

hé chōng jī

和冲击。

chuán lì　　chú chuán dì chuí zhí lì wài　　hái chuán dì qí tā fāng xiàng shang de lì

（2）传力：除传递垂直力外，还传递其他方向上的力

hé lì jǔ

和力矩。

bǎo zhèng chē lún hé chē shēn　　huò chē jià　　zhī jiān yǒu què dìng de yùn dòng guān

（3）保证车轮和车身（或车架）之间有确定的运动关

xì　　shǐ qì chē jù yǒu liáng hǎo de wěn dìng xìng hé píng shùn xìng

系，使汽车具有良好的稳定性和平顺性。

The suspension is an elastic connection device between the frame （or load-bearing body）and the axle （or wheels）. It mainly consists of elastic elements, guiding devices, shock absorbers, and stabilizer bars. Structure of a suspension is shown in Fig. 5-1.

The functions of the suspension are as follows.

（1）Cushioning and damping：Suppress and mitigate vibrations and shocks caused by uneven roads.

（2）Force transmission：Transmit vertical loads as well as forces and moments in other directions.

（3）Ensure a defined kinematic relationship between the wheels and the body （or frame）, which ensures the vehicle has good stability and smoothness.

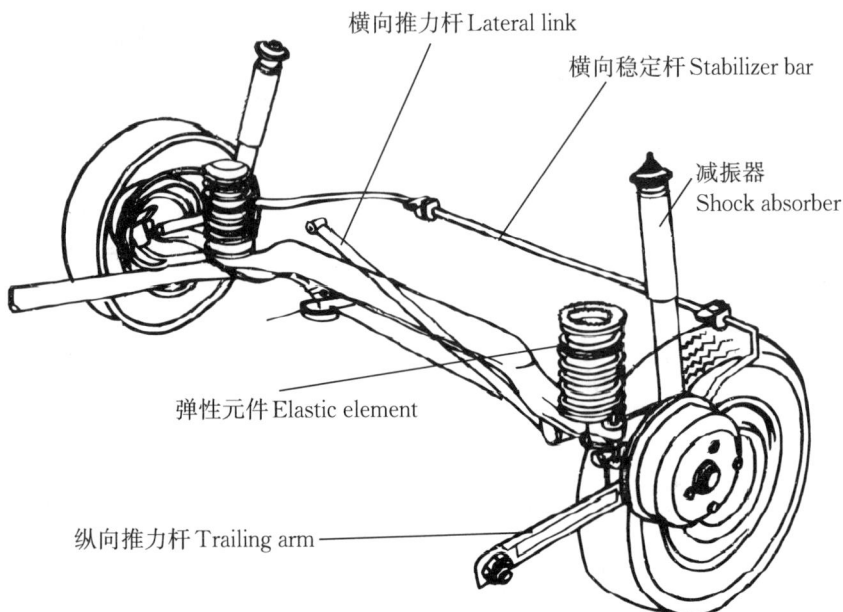

横向推力杆 Lateral link

横向稳定杆 Stabilizer bar

减振器
Shock absorber

弹性元件 Elastic element

纵向推力杆 Trailing arm

tú   xuán jià de jié gòu
图 5-1 悬架的结构

Fig. 5-1 Structure of a suspension

tán xìng yuán jiàn
二、弹性元件 Elastic elements

tán xìng yuán jiàn de zuò yòng shì chéng shòu hé chuán dì chuí zhí zài hè   huǎn hé chōng jī
弹性元件的作用是承受和传递垂直载荷，缓和冲击。

tán xìng yuán jiàn kě fēn wéi gāng bǎn tán huáng   luó xuán tán huáng   niǔ gǎn tán huáng   qì tǐ
弹性元件可分为钢板弹簧、螺旋弹簧、扭杆弹簧、气体

tán huáng   xiàng jiāo tán huáng děng
弹簧、橡胶弹簧等。

The function of elastic elements is to bear and transmit vertical
loads and mitigate shocks.

Elastic elements can be divided into leaf springs, coil springs,
torsion bar springs, gas springs, rubber springs, etc.

（一）钢板弹簧 Leaf springs

钢板弹簧是汽车悬架中应用最广泛的一种弹性元件，它是由若干片等宽但不等长（厚度可以相等，也可以不相等）的合金弹簧片组合而成的一根近似等强度的弹性梁。钢板弹簧的结构如图5-2所示。钢板弹簧本身还能起导向机构的作用，并且弹簧各片之间的摩擦还可起到一定的减振作用。为了保证弹簧片间产生定值摩擦及消除噪声，可在弹簧片之间夹入塑料垫片。

Leaf springs are the most widely used type of elastic element in automotive suspensions. They are composed of several alloy spring leaves of equal width but varying lengths（and possibly varying thicknesses）, forming an approximately equal-strength elastic beam. Structure of a leaf spring is shown in Fig. 5-2. The leaf spring itself can also act as a guiding mechanism, and the friction between the leaves can provide some damping effect. To ensure constant friction between the leaves and eliminate noise, plastic pads can be inserted between them.

（二）螺旋弹簧 Coil springs

螺旋弹簧是由一根钢丝卷成的螺旋状的弹簧。螺旋弹簧的结构如图5-3所示。螺旋弹簧有等螺距和变等螺距之分，前者刚度不可变，后者刚度可变。螺旋弹簧本身没有

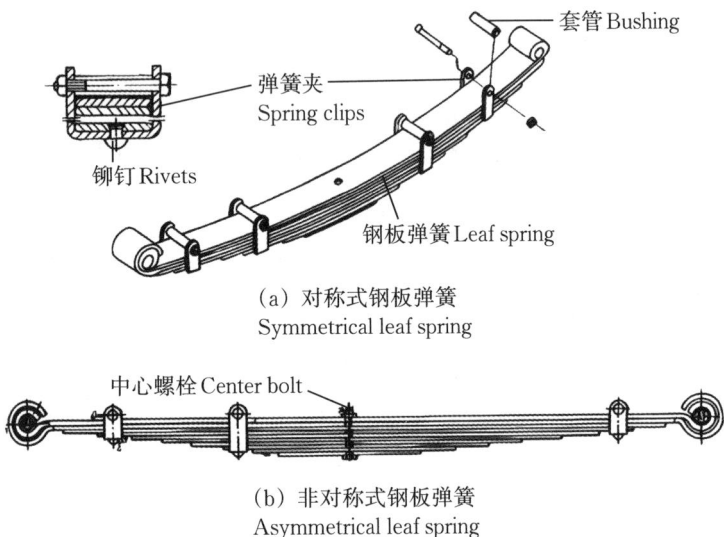

套管 Bushing

弹簧夹
Spring clips

铆钉 Rivets

钢板弹簧 Leaf spring

（a）对称式钢板弹簧
Symmetrical leaf spring

中心螺栓 Center bolt

（b）非对称式钢板弹簧
Asymmetrical leaf spring

tú　　　　gāng bǎn tán huáng de jié gòu
图 5-2　钢板弹簧的结构
Fig. 5-2　Structure of a leaf spring

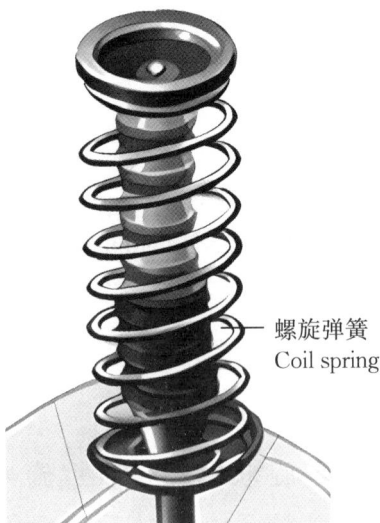

螺旋弹簧
Coil spring

tú　　　　luó xuán tán huáng de jié gòu
图 5-3　螺旋弹簧的结构
Fig. 5-3　Structure of a coil spring

jiǎn zhèn zuò yòng　　yīn cǐ zài luó xuán tán huáng
减振作用，因此在螺旋弹簧
xuán jià zhōng bì xū lìng zhuāng jiǎn zhèn qì　cǐ
悬架中必须另装减振器。此
wài　luó xuán tán huáng zhǐ néng chéng shòu chuí zhí
外，螺旋弹簧只能承受垂直
zài hè　gù hái bì xū zhuāng shè dǎo xiàng jī
载荷，故还必须装设导向机
gòu　yǐ chuán dì chú chuí zhí lì wài de qí
构，以传递除垂直力外的其
tā lì hé lì jǔ　　yǔ gāng bǎn tán huáng
他力和力矩。与钢板弹簧
xiāng bǐ　luó xuán tán huáng jù yǒu liáng hǎo de
相比，螺旋弹簧具有良好的
xī shōu chōng jī néng lì hé hěn hǎo de shū shì
吸收冲击能力和很好的舒适
xìng　qiě wú xū rùn huá　　bù pà ní
性，且无须润滑，不怕泥

wū　　ān zhuāng suǒ xū　de zòng xiàng kōng jiān bù dà　　zhì liàng xiǎo　　yīn cǐ bèi guǎng fàn yìng yòng
污，安装所需的纵向空间不大，质量小，因此被广泛应用

yú dú lì xuán jià zhōng
于独立悬架中。

Coil springs are made by winding a steel wire into a spiral shape. Structure of a coil spring is shown in Fig. 5-3. Coil springs can be divided into constant pitch and variable pitch types. The former has an invariable stiffness, while the latter has a variable stiffness. Coil springs themselves do not have a damping effect, so shock absorbers must be installed in coil spring suspensions. Additionally, coil springs can only bear vertical loads, so a guiding mechanism must also be installed to transmit forces and moments other than vertical forces. Compared to leaf springs, coil springs have excellent impact absorption and comfort, do not require lubrication, are resistant to dirt, occupy less longitudinal space, and are lightweight, making them widely used in independent suspension systems.

（三）减振器 Shock absorber

jiǎn zhèn qì yòng lái shuāi jiǎn yóu yú chē liàng tán xìng xì tǒng shòu dào chōng jǐ ér yǐn qǐ de zhèn
减振器用来衰减由于车辆弹性系统受到冲击而引起的振

dòng　　jiā sù chē jià yǔ chē shēn zhèn dòng de shuāi jiǎn　　cóng ér gǎi shàn qì chē de xíng shǐ píng
动，加速车架与车身振动的衰减，从而改善汽车的行驶平

shùn xìng　　hěn duō qì chē shè yǒu zhuān mén de jiǎn zhèn qì
顺性。很多汽车设有专门的减振器。

jiǎn zhèn qì kě fēn wéi dān xiàng zuò yòng shì jiǎn zhèn qì hé shuāng xiàng zuò yòng shì jiǎn zhèn qì
减振器可分为单向作用式减振器和双向作用式减振器

tú
（图 5-4）。

Shock absorbers are used to attenuate vibrations caused by impacts on the vehicle's elastic system, accelerating the decay of frame and body vibrations, and thus improving the ride comfort of the vehicle. Many vehicles are equipped with dedicated shock absorbers.

Shock absorbers can be classified as single-acting shock absorbers and double-acting shock absorbers (Fig. 5-4).

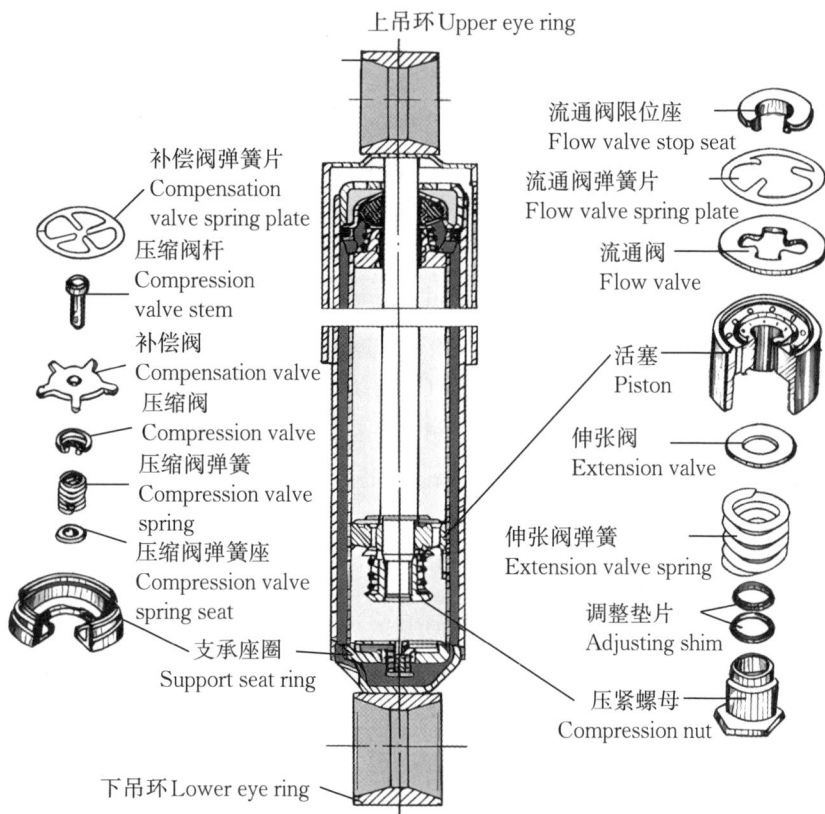

上吊环 Upper eye ring

流通阀限位座
Flow valve stop seat

补偿阀弹簧片
Compensation valve spring plate

流通阀弹簧片
Flow valve spring plate

压缩阀杆
Compression valve stem

流通阀
Flow valve

补偿阀
Compensation valve

活塞
Piston

压缩阀
Compression valve

伸张阀
Extension valve

压缩阀弹簧
Compression valve spring

伸张阀弹簧
Extension valve spring

压缩阀弹簧座
Compression valve spring seat

调整垫片
Adjusting shim

支承座圈
Support seat ring

压紧螺母
Compression nut

下吊环 Lower eye ring

tú   shuāng xiàng zuò yòng shì jiǎn zhèn qì
图5-4 双向作用式减振器

Fig. 5-4 Double-acting shock absorber

xuán jià de fēn lèi
三、悬架的分类 Suspension classification

qì chē xuán jià kě fēn wéi dú lì xuán jià hé fēi dú lì xuán jià   xuán jià jié gòu shì yì
汽车悬架可分为独立悬架和非独立悬架。悬架结构示意

tú rú tú   suǒ shì
图如图5-5所示。

Automotive suspensions can be classified into independent suspensions and non-independent suspensions. Schematic diagram of the suspension structure is shown in Fig. 5-5.

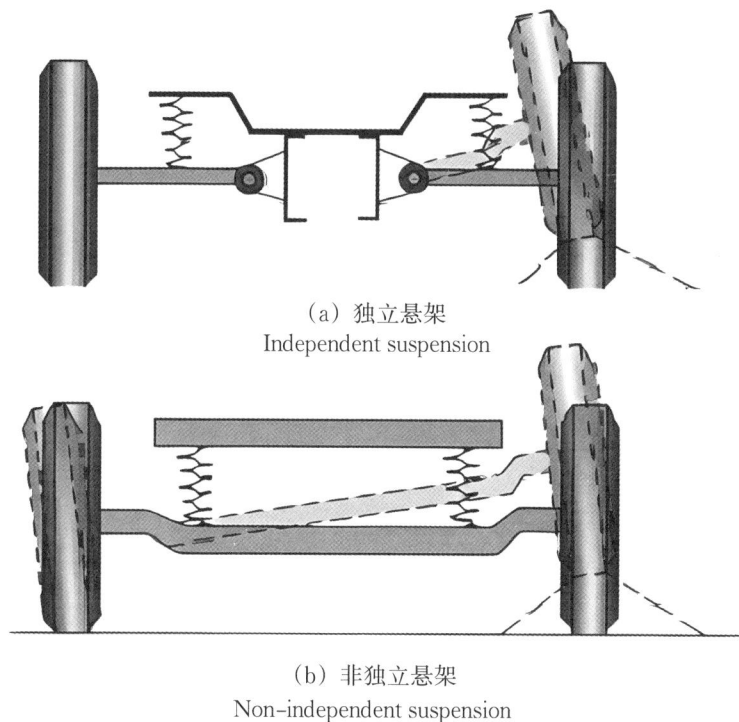

（a）独立悬架
Independent suspension

（b）非独立悬架
Non-independent suspension

tú　　　　　　xuán jià jié gòu shì yì tú
图5-5　悬架结构示意图
Fig. 5-5　Schematic diagram of the suspension structure

dú　lì　xuán jià
（一）独立悬架 Independent suspension

dú　lì　xuán jià　duō　cǎi　yòng luó xuán tán huáng hé　niǔ　gǎn tán huáng zuò　wéi tán xìng yuán jiàn　　 qí
独立悬架多采用螺旋弹簧和扭杆弹簧作为弹性元件，其
jié gòu tè diǎn shì liǎng cè chē lún gè zì dú lì de yǔ chē jià huò chē shēn tán xìng lián jiē
结构特点是两侧车轮各自独立地与车架或车身弹性连接，
yīn ér jù yǒu yǐ xià yōu diǎn
因而具有以下优点。

（1）在悬架弹性元件一定的范围内两侧车轮可以独立运动，互不影响。这样在不平路面上行驶时可减少车架和车身的振动，而且有助于消除转向轮不断偏摆的不良现象。

（2）减少汽车的非簧载质量。

（3）采用断开式车桥，发动机总成位置便可以降低和前移，使汽车重心下降，提高汽车操作稳定性；同时能给予车轮较大的上下运动空间。因而可以将悬架刚度设计得较小，使车身振动频率降低，以改善汽车行驶的平顺性。

Independent suspensions often use coil springs and torsion bar springs as elastic elements. Their structural characteristic is that the two wheels are elastically connected to the frame or body independently, thus having the following advantages.

（1）Within a certain range of the suspension's elastic elements, the two wheels can move independently without affecting each other. This can reduce the vibration of the frame and body when driving on uneven roads and help eliminate the undesirable phenomenon of continuous wheel deflection.

（2）Reduce the unsprung mass of the vehicle.

（3）With a disconnected axle, the engine assembly can be lowered and moved forward, lowering the vehicle's center of gravity and improving handling stability. It also allows for greater vertical movement of the wheels. Therefore, the suspension stiffness can be designed to be smaller,

reducing the body vibration frequency and improving ride comfort.

（二）非独立悬架Non-independent suspension
fēi dú lì xuán jià

非独立悬架的结构特点是两侧车轮安装在一根整体式车轴的两端，车轴则通过弹性元件与车架或车身相连接。这种悬架当一侧车轮因道路不平而跳动时，会影响到另一侧车轮的工作。非独立悬架主要被应用于承载负荷较大的客车和货车上，而在轿车上仅用于后桥。

The structural characteristic of a non-independent suspension is that the two wheels are mounted on the ends of a solid axle，which is connected to the frame or body through elastic elements. When one wheel bounces due to uneven roads，it will affect the other wheel. Non-independent suspensions are mainly used in buses and trucks with heavier loads and are only used on the rear axles of passenger cars.

任务实施Teaching Task
rèn wu shí shī

悬架系统常见故障的维修
xuán jià xì tǒng cháng jiàn gù zhàng de wéi xiū

Maintenance of Common Suspension System Faults

一、实施目的Objectives
shí shī mù dì

（1）了解悬架的结构及功用；
liǎo jiě xuán jià de jié gòu jí gōng yòng

（2）掌握悬架系统的故障排除方法。

（1）Be aware of the structure and function of the suspension;

（2）Acquire knowledge about the troubleshooting methods for suspension systems.

二、技能训练准备 Preparation for Skills Training

（一）所需设备、工（量）具及材料

Required Equipment, Tools, and Materials

实训用车辆、维修手册、拆装工具、检测量具、前格栅布、翼子板布、车内防护三件套、车轮挡块等。

Training vehicle, repair manual, disassembly and assembly tools, inspection and measuring tools, front grille cover, fender cover, car interior protective set, wheel chocks, etc.

（二）安全防护用品 Safety Protective Equipment

标准作业工装、安全鞋、护目镜、手套等。

Standard work clothes, safety shoes, goggles, gloves, etc.

（三）汽车信息收集 Vehicle Description

车牌号码：_____

License Plate Number: _____

车辆型号：_____

Vehicle Model：_____

VIN 码：_____
<small>mǎ</small>

VIN：_____

<small>xíng shǐ lǐ chéng</small>
行驶里程：_____

Mileage：_____

<small>shí shī bù zhòu jí fāng fǎ</small>
三、实施步骤及方法

Implementation Steps and Methods

<small>gù zhàng yī　　qián lún pǎo piān</small>
（一）故障一：前轮跑偏

Fault 1：Front wheel misalignment

<small>gù zhàng yuán yīn</small>
1. 故障原因 Fault causes

<small>qián lún tāi qì yā bù yī zhì</small>
（1）前轮胎气压不一致。

<small>liǎng qián lún lún tāi mó sǔn　　yǔ dì miàn de fù zhuó lì jiǎn xiǎo</small>
（2）两前轮轮胎磨损，与地面的附着力减小。

<small>zuǒ　　　yòu luó xuán tán huáng sǔn huài huò chǎn shēng yǒng jiǔ biàn xíng</small>
（3）左、右螺旋弹簧损坏或产生永久变形。

<small>zuǒ　　　yòu qián jiǎn zhèn qì sǔn huài huò biàn xíng</small>
（4）左、右前减振器损坏或变形。

<small>qián lún dìng wèi bù zhèng què</small>
（5）前轮定位不正确。

<small>héng xiàng wěn dìng gǎn xiàng jiāo tào sǔn huài huò　gù dìng luó shuān sōng dòng</small>
（6）横向稳定杆橡胶套损坏或固定螺栓松动。

（1）Inconsistent front tire pressure.

（2）Worn front tires with reduced grip on the road.

（3）Damaged or permanently deformed left and right coil springs.

（4）Damaged or deformed left and right front shock absorbers.

（5）Incorrect front wheel alignment.

（6）Damaged rubber bushings or loose fixing bolts on the stabilizer bar.

gù zhàng de pàn duàn yǔ pái chú
2. 故障的判断与排除 Fault diagnosis and elimination

jù tǐ cāo zuò bù zhòu rú xià
具体操作步骤如下：

jiāng liǎng qián lún jūn chōng qì dào zhèng cháng qì yā
（1）将两前轮均充气到正常气压；

gēng huàn lún tāi
（2）更换轮胎；

gēng huàn luó xuán tán huáng
（3）更换螺旋弹簧；

gēng huàn qián jiǎn zhèn qì
（4）更换前减振器；

chóng xīn jiǎn chá hé tiáo zhěng qián lún dìng wèi
（5）重新检查和调整前轮定位；

gēng huàn xiàng jiāo tào bìng chóng xīn jǐn gù luó shuān
（6）更换橡胶套并重新紧固螺栓。

Specific operation steps are as follows：

（1）Inflate both front tires to the correct pressure；

（2）Replace the tires；

（3）Replace the coil springs；

（4）Replace the front shock absorbers；

（5）Recheck and adjust the front wheel alignment；

（6）Replace the rubber bushings and retighten the bolts.

gù zhàng èr jiǎn zhèn qì shī xiào
（二）故障二：减振器失效

Fault 2：Shock absorber failure

gù zhàng yuán yīn
1. 故障原因 Fault causes

jiǎn zhèn qì lián jiē xiāo gǎn tuō luò huò xiàng jiāo chèn tào ruǎn diàn mó
（1）减振器连接销（杆）脱落或橡胶衬套（软垫）磨

sǔn pò liè
损破裂。

jiǎn zhèn qì yóu liàng bù zú huò yǒu kōng qì
（2）减振器油量不足或有空气。

jiǎn zhèn qì fá mén mì fēng bù liáng
（3）减振器阀门密封不良。

jiǎn zhèn qì huó sāi yǔ gāng tǒng mó sǔn guò liàng   pèi hé sōng kuàng
（4）减振器活塞与缸筒磨损过量，配合松旷。

（1）Shock absorber connecting pin（rod）loose or rubber bushing（pad）worn or broken.

（2）Insufficient shock absorber oil or air in the system.

（3）Faulty shock absorber valve sealing.

（4）Excessive wear between the shock absorber piston and cylinder, resulting in looseness.

gù zhàng de pàn duàn yǔ pái chú
2. 故障的判断与排除Fault diagnosis and elimination

jù tǐ cāo zuò bù zhòu rú xià
具体操作步骤如下：

jiǎn chá jiǎn zhèn qì lián jiē xiāo   gǎn   xiàng jiāo chèn tào   lián jiē kǒng jǐn gù
（1）检查减振器连接销（杆）、橡胶衬套、连接孔紧固

qíng kuàng
情况。

chá kàn jiǎn zhèn qì shì fǒu yǒu lòu yóu hé chén jiù xìng lòu yóu hén jì
（2）查看减振器是否有漏油和陈旧性漏油痕迹。

yòng lì àn bǎo xiǎn gàng   shǒu fàng sōng   rú chē shēn néng yǒu   cì de tiào
（3）用力按保险杠，手放松，如车身能有2~3次的跳

yuè   shuō míng jiǎn zhèn qì liáng hǎo   fǎn zhī   shuō míng jiǎn zhèn qì nèi bù yǒu gù zhàng   yīng
跃，说明减振器良好；反之，说明减振器内部有故障，应

chāi xià wéi xiū
拆下维修。

Specific operation steps are as follows.

（1）Check the shock absorber connecting pin（rod）, rubber bushing, and connection hole tightness.

（2）Check the shock absorber for oil leaks and signs of old leaks.

（3）Press down on the bumper firmly and release. If the car body bounces 2~3 times，the shock absorber is in good condition；otherwise，there is an internal fault in the shock absorber，and it should be removed for repair.

píng jià yǔ fǎn kuì
评价与反馈 Evaluation and Feedback

bān jí　　　　　　xìng míng　　　　　　zhǐ dǎo jiào shī
班级＿＿＿＿＿＿　姓名＿＿＿＿＿＿　指导教师＿＿＿＿＿＿

Class＿＿＿＿＿　Name＿＿＿＿＿　Instructor＿＿＿＿＿

kǎo hé 考核 xiàng mù 项目 Items		kǎo hé nèi róng 考核内容 Content	pèi fēn 配分/ fēn 分 Total	kǎo hé biāo zhǔn 考核标准 Assessment Criteria	dé fēn 得分/ fēn 分 Score
jì néng 技能 kǎo hé 考核 Skill Assessment	zhǔn bèi 准备 Preparation	qīng diǎn gōng jù liáng jù 清点工具、量具，qīng lǐ gōng wèi 清理工位 Inventory of tools and measuring instruments；Clean up workspace	1	wèi zuò bù dé fēn 未做不得分 Not done： 0 points	
		qīng jié shè bèi wài guān 清洁设备外观 Clean equipment exterior	1	wèi zuò bù dé fēn 未做不得分 Not done： 0 points	
		jiǎn chá diàn yuán kāi guān 检查电源开关 Check power switch	1	wèi zuò bù dé fēn 未做不得分 Not done： 0 points	

（续表）

考核项目 kǎo hé xiàng mù Items		考核内容 kǎo hé nèi róng Content	配分/ pèi fēn 分 fēn Total	考核标准 kǎo hé biāo zhǔn Assessment Criteria	得分/ dé fēn 分 fēn Score
技能考核 jì néng kǎo hé Skill Assessment	准备 zhǔn bèi Preparation	安装各种防护套 ān zhuāng gè zhǒng fáng hù tào Install protective covers	2	未做不得分 wèi zuò bù dé fēn Not done：0 points	
		发动机机舱预检 fā dòng jī jī cāng yù jiǎn Engine bay pre-inspection	5	操作不正确 cāo zuò bù zhèng què 扣1~5分 kòu fēn Incorrect operation：deduct 1~5 points	
	前轮跑偏 qián lún pǎo piān Front Wheel Misalignment	胎压的检测 tāi yā de jiǎn cè Tire pressure check	2	操作不正确扣 cāo zuò bù zhèng què kòu 1~2分 fēn Incorrect operation：deduct 1~2 points	
		弹簧的检测 tán huáng de jiǎn cè Spring inspection	2	未做不得分 wèi zuò bù dé fēn Not done：0 points	
		定位的检测 dìng wèi de jiǎn cè Alignment inspection	3	操作不正确 cāo zuò bù zhèng què 扣1~3分 kòu fēn Incorrect operation：deduct 1~3 points	

（续表）

考核项目 Items	考核内容 Content	配分/分 Total	考核标准 Assessment Criteria	得分/分 Score
技能考核 Skill Assessment	减振器失效 Shock Absorber Failure			
	确认故障现象 Confirm fault phenomenon	3	操作不正确 扣1~3分 Incorrect operation: deduct 1~3 points	
	故障诊断 Fault diagnosis	3	诊断不正确 扣1~3分 Incorrect diagnosis: deduct 1~3 points	
	故障检修 Fault repair	3	检修不正确 扣1~3分 Incorrect overhaul: deduct 1~3 points	
	故障排除 Troubleshooting	3	排除不正确 扣1~3分 Incorrect exclusion: deduct 1~3 points	

（续表）

kǎo hé 考核 xiàng mù 项目 Items		kǎo hé nèi róng 考核内容 Content	pèi fēn/ 配分/ fēn 分 Total	kǎo hé biāo zhǔn 考核标准 Assessment Criteria	dé fēn/ 得分/ fēn 分 Score
jì néng 技能 kǎo hé 考核 Skill Asse- ssment	jiǎn zhèn qì 减振器 shī xiào 失效 Shock Absorber Failure	jiǎn zhèn qì lián jiē bù wèi de 减振器连接部位的 jiǎn cè 检测 Shock absorber connection inspection	3	jiǎn chá bù zhèng què 检查不正确 kòu　　　fēn 扣1~3分 Incorrect inspection： deduct 1~3 points	
		jiǎn zhèn qì wài guān de jiǎn cè 减振器外观的检测 Shock absorber appearance inspection	3	jiǎn chá bù zhèng què 检查不正确 kòu　　　fēn 扣1~3分 Incorrect inspection： deduct 1~3 points	
		jiǎn zhèn qì mì fēng quān de 减振器密封圈的 jiǎn cè 检测 Shock absorber seal inspection	3	jiǎn chá bù zhèng què 检查不正确 kòu　　　fēn 扣1~3分 Incorrect inspection： deduct 1~3 points	
		jiǎn zhèn qì mó sǔn de jiǎn cè 减振器磨损的检测 Shock absorber wear inspection	3	tiáo zhěng bù zhèng què 调整不正确 kòu　　　fēn 扣1~3分 Incorrect adjustment： deduct 1~3 points	

chū qín / jì lǜ　　ān quán / fáng hù / huán bǎo　　zhī shí shuǐ píng　　xué xí néng lì kǎo
出勤/纪律、安全/防护/环保、知识水平、学习能力考

hé xiàng mù bù fen jiàn fù lù yī
核项目部分见附录一。

总结与反思见附录二。

Attendance / discipline, safety / protection / environment, knowledge

level, and learning ability assessment items are detailed in the Appendix 1.

Summaries and Reflections are detailed in the Appendix 2.

rèn wu liù
任务六 TASK 6

车轮与轮胎的构造与维修
Construction and Maintenance of Wheels and Tires

rèn wu mù biāo
任务目标 Task Objects

mù biāo lèi xíng 目标类型 Object types	mù biāo yāo qiú 目标要求 Contents
zhī shi mù biāo 知识目标 Knowledge object	zhǎng wò lún tāi de gōng yòng jí fēn lèi 掌握轮胎的功用及分类。 Acquire knowledge about the functions and classifications of tires.
jì néng mù biāo 技能目标 Practice object	zhǎng wò lún tāi de cháng jiàn chāi zhuāng yǔ wéi xiū fāng fǎ (1) 掌握轮胎的常见拆装与维修方法； Master common tire disassembly，assembly，and maintenance methods； zhǎng wò bì yào de ān quán shēng chǎn zhù yì shì xiàng (2) 掌握必要的安全生产注意事项。 Keep in mind the necessary safety precautions for production.
pǐn gé mù biāo 品格目标 Competence object	péi yǎng xué shēng zì zhǔ tàn jiū de xué xí xí guàn (1) 培养学生自主探究的学习习惯； Cultivate students' habit of independent learning and exploration； péi yǎng xué shēng ān quán cāo zuò de yì shí (2) 培养学生安全操作的意识。 Cultivate students' awareness of safe operation.

rèn wu miáo shù
任务描述 Task Description

cháng shí jiān de jià chē xíng shǐ bì rán huì dǎo zhì lún tāi de mó sǔn tè bié shì gù
长时间的驾车行驶必然会导致轮胎的磨损，特别是故

zhàng chē yīng yǐn qǐ jià shǐ rén de guān zhù lún tāi gù zhàng kě yǐ fēn wéi tāi miàn gù zhàng
障车，应引起驾驶人的关注。轮胎故障可以分为胎面故障、

tāi chún gù zhàng bào tāi gù zhàng tāi cè gù zhàng jí lún bù gù zhàng děng
胎唇故障、爆胎故障、胎侧故障及轮部故障等。

Prolonged driving inevitably leads to tire wear, especially in faulty vehicles, which should attract the driver's attention. Tire failures can be categorized as tread failures, bead failures, blowout failures, sidewall failures, and wheel failures.

xiāng guān zhī shi
相关知识 Relevant Knowledge

chē lún yǔ lún tāi de gōng yòng rú xià
车轮与轮胎的功用如下：

chéng zài zhěng chē de zhì liàng
（1）承载整车的质量；

huǎn chōng yóu lù miàn chuán lái de chōng jī lì
（2）缓冲由路面传来的冲击力；

tōng guò lún tāi yǔ dì miàn de fù zhuó lì lái shí xiàn qū dòng hé zhì dòng
（3）通过轮胎与地面的附着力来实现驱动和制动；

zài zhuǎn wān xíng shǐ shí chǎn shēng píng héng lí xīn lì de cè kàng lì tóng shí hái
（4）在转弯行驶时产生平衡离心力的侧抗力，同时还

jù yǒu zì dòng huí zhèng de zuò yòng
具有自动回正的作用；

chéng dān yuè zhàng tí gāo qì chē de tōng guò xìng
（5）承担越障，提高汽车的通过性。

The functions of wheels and tires are as follows：

（1）Support the weight of the entire vehicle；

（2）Cushion the impact force transmitted from the road surface；

（3）Achieve driving and braking through the adhesion between the tire and the ground；

（4）Generate lateral resistance to balance centrifugal force during cornering and have a self-aligning effect；

（5）Overcome obstacles and improve the vehicle's passability.

一、车轮 Wheels
chē lún

组成：由轮毂、轮辋及这两元件间的连接部分（轮辐）组成。
zǔ chéng yóu lún gǔ lún wǎng jí zhè liǎng yuán jiàn jiān de lián jiē bù fen lún fú
zǔ chéng

分类：按轮辐的构造，车轮可分为辐板式车轮（图6-1）和辐条式车轮（图6-2）。
fēn lèi àn lún fú de gòu zào chē lún kě fēn wéi fú bǎn shì chē lún tú
hé fú tiáo shì chē lún tú

Construction：A wheel consists of a hub，a rim，and the connecting part between these two components（spokes）.

Classification：Based on the spoke structure，wheels can be classified into disc wheels（Fig. 6-1）and spoke wheels（Fig. 6-2）.

（一）轮毂 Hub
lún gǔ

轮毂与制动鼓、轮盘及半轴凸缘连接，由圆锥滚子轴承支承在转向节轴销或半轴套管上。
lún gǔ yǔ zhì dòng gǔ lún pán jí bàn zhóu tū yuán lián jiē yóu yuán zhuī gǔn zi zhóu
chéng zhī chéng zài zhuǎn xiàng jié zhóu xiāo huò bàn zhóu tào guǎn shang

The hub is connected to the brake drum，disc，and axle shaft flange. It is supported on the steering knuckle kingpin or axle housing by tapered roller bearings.

轮胎 Tire

轮辋 Rim

辐板 Disc

装饰罩 Trim

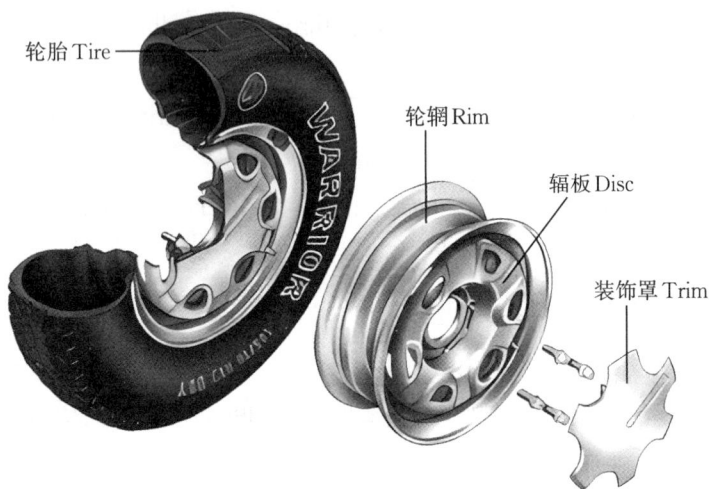

tú
图6-1　辐板式车轮

fú bǎn shì chē lún

Fig. 6-1　Disc wheel

车轮 Wheel

平衡块及夹子
Balance weight and clip

铝合金轮辋 Aluminum alloy rim

铝合金铸造辐条
Cast aluminum
alloy spokes

车轮螺栓 Wheel bolt

子午线轮胎 Radial tire

车轮饰板 Wheel trim

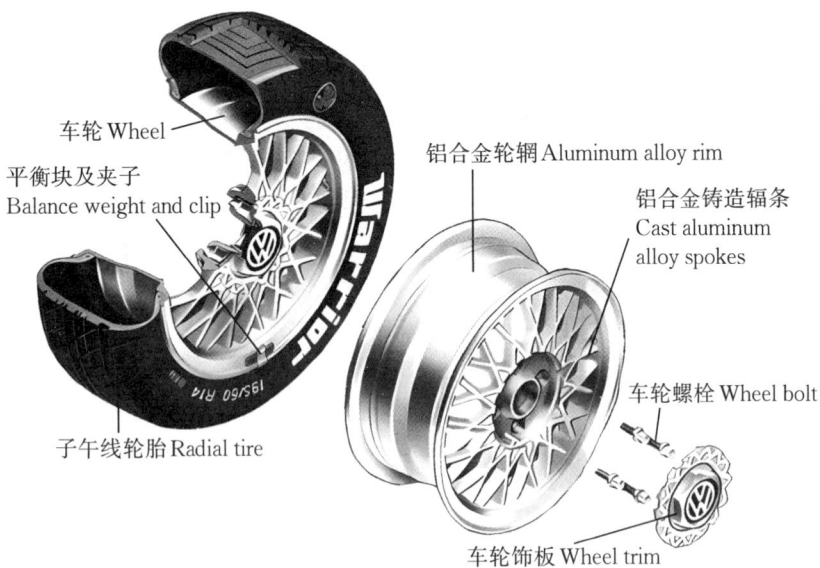

tú
图6-2　辐条式车轮

fú tiáo shì chē lún

Fig. 6-2　Spoke wheel

（二） 轮辐 Spokes

辐板式车轮上的轮盘与轮辋通过焊接或铆接固定成一个整体，并通过轮盘上的中心孔和周围的螺栓孔安装到轮毂上。

辐条式车轮上的轮辐是钢丝辐条或者是和轮毂铸成一体的铸造辐条。

In disc wheels, the disc and rim are fixed together by welding or riveting and then installed onto the hub through the center hole and surrounding bolt holes on the disc. The spokes in spoke wheels are either steel wire spokes or cast spokes integrated with the hub.

（三） 轮辋 Rim

轮辋也称钢圈，按其结构特点可分为深式轮辋、平式轮辋和对开式轮辋3种。

The rim, also known as the wheel rim, can be classified into three types based on its structural characteristics: deep dish rim, flat base rim, and split rim.

二、轮胎 Tires

轮胎安装在轮辋上，直接与地面接触，它的作用如下：

（1）缓冲、减振，保证舒适性和平顺性；

（2）提高牵引性、制动性和通过性；

chéng shòu qì chē de zhòng liàng
（3）承受汽车的重量。

jié gòu　　lún tāi zhǔ yào yóu tāi guān　　tāi jiān　　tāi cè　　tāi tǐ hé tāi quān děng bù
结构：轮胎主要由胎冠、胎肩、胎侧、胎体和胎圈等部

fen zǔ chéng
分组成。

Tires are mounted on the rim and are in direct contact with the ground. Their functions are as follows:

（1）Cushioning and damping to ensure comfort and smoothness;

（2）Improving traction, braking, and passability;

（3）Supporting the weight of the vehicle.

Structure: Tires are mainly composed of the tread, shoulder, sidewall, casing, and bead.

tāi guān
（一）胎冠 Tread

tāi guān shì zhǐ lún tāi wài tāi liǎng tāi jiān zhī jiān de bù wèi　　bāo kuò tāi miàn　　huǎn
胎冠是指轮胎外胎两胎肩之间的部位，包括胎面、缓

chōng céng　　huò dài shù céng　　hé lián bù céng děng
冲层（或带束层）和帘布层等。

The tread is the part of the tire between the two shoulders, including the tread pattern, buffer layer (or belt layer), and ply layer.

tāi jiān
（二）胎肩 Shoulder

tāi jiān shì jiào hòu de tāi guān yǔ jiào báo de tāi cè jiān de guò dù bù fen　　yī bān zhì
胎肩是较厚的胎冠与较薄的胎侧间的过渡部分，一般制

yǒu huā wén　　yǐ lì yú sàn rè
有花纹，以利于散热。

The shoulder is the transition area between the thicker tread and the thinner sidewall, usually with a pattern to facilitate heat dissipation.

（三）胎侧 Sidewall

tāi cè shì zhǐ tāi jiān yǔ tāi quān zhī jiān de tāi tǐ cè bì bù wèi de xiàng jiāo céng　zuò
胎侧是指胎肩与胎圈之间的胎体侧壁部位的橡胶层，作
yòng shì bǎo hù tāi tǐ　　chéng shòu cè yā lì
用是保护胎体，承受侧压力。

The sidewall is the rubber layer between the shoulder and the bead，which protects the casing and withstands lateral pressure.

（四）胎体 Casing

tāi tǐ shì yóu yī céng huò shù céng lián bù céng yǔ tāi quān zǔ chéng de zhěng tǐ de chōng qì lún
胎体是由一层或数层帘布层与胎圈组成的整体的充气轮
tāi de shòu lì jié gòu　　　xié jiāo lún tāi de tāi tǐ lián xiàn bǐ cǐ jiāo chā pái liè　　zǐ wǔ
胎的受力结构。斜交轮胎的胎体帘线彼此交叉排列，子午
xiàn de tāi tǐ lián xiàn xiāng hù píng xíng
线的胎体帘线相互平行。

The casing is the load-bearing structure of a pneumatic tire，consisting of one or more ply layers and the bead. The cord plies of bias tires are arranged in a crisscross pattern，while those of radial tires are parallel to each other.

（五）胎圈 Bead

tāi quān shì zhǐ ān zhuāng zài lún wǎng shang de lún tāi bù fen　　yóu tāi quān xīn hé tāi quān
胎圈是指安装在轮辋上的轮胎部分，由胎圈芯和胎圈
bāo bù děng zǔ chéng　zuò yòng shì fáng zhǐ lún tāi tuō lí lún wǎng
包布等组成，作用是防止轮胎脱离轮辋。

qì chē lún tāi àn tāi tǐ jié gòu bù tóng kě fēn wéi chōng qì lún tāi hé shí xīn lún tāi
汽车轮胎按胎体结构不同可分为充气轮胎和实心轮胎。
qì chē shang cháng yòng de lún tāi yī bān dōu shì chōng qì lún tāi　　shí xīn lún tāi mù qián jǐn
汽车上常用的轮胎一般都是充气轮胎。实心轮胎目前仅
yòng yú zài lì qīng hùn níng tǔ lù miàn de gàn xiàn dào lù shang xíng shǐ de dī yā qì chē huò zhòng xíng guà
用于在沥青混凝土路面的干线道路上行驶的低压汽车或重型挂

chē shang   chōng qì lún tāi àn jié gòu de bù tóng kě fēn wéi yǒu nèi tāi hé wú nèi tāi liǎng zhǒng
车上。充气轮胎按结构的不同可分为有内胎和无内胎两种。

yǒu nèi tāi de chōng qì lún tāi zhǔ yào yóu wài tāi   nèi tāi hé diàn dài zǔ chéng
有内胎的充气轮胎主要由外胎、内胎和垫带组成。

The bead is the part of the tire that is mounted on the rim, consisting of a bead core and bead filler, which prevents the tire from detaching from the rim.

Automotive tires can be divided into pneumatic tires and solid tires based on their casing structure.

The tires commonly used in cars are generally pneumatic tires. Solid tires are currently only used on low-pressure vehicles or heavy trailers that travel on asphalt concrete roads. Pneumatic tires can be divided into tube-type and tubeless types based on their structure.

Tube-type pneumatic tires mainly consist of an outer tire, an inner tube, and a flap.

rèn wu shí shī
任务实施Teaching Task

lún tāi de chāi zhuāng
轮胎的拆装
Tire Disassembly and Assembly

shí shī mù dì
一、实施目的 Objectives

liǎo jiě lún tāi de zǒng tǐ jié gòu jí fēn lèi
（1）了解轮胎的总体结构及分类。

zhǎng wò lún tāi de chāi zhuāng fāng fǎ
（2）掌握轮胎的拆装方法。

（1）Be aware of the overall structure and classification of tires.

（2）Acquire knowledge about the methods of tire disassembly and assembly.

二、技能训练准备 Preparation for Skills Training
jì néng xùn liàn zhǔn bèi

（一）所需设备、工（量）具及材料
suǒ xū shè bèi　　gōng　liáng　jù jí cái liào

Required Equipment, Tools, and Materials

shí xùn yòng chē liàng　　wéi xiū shǒu cè　　chāi zhuāng gōng jù　　jiǎn cè liáng jù　　qián gé
实训用车辆、维修手册、拆装工具、检测量具、前格
zhà bù　　yì zǐ bǎn bù　　chē nèi fáng hù sān jiàn tào　　chē lún dǎng kuài děng
栅布、翼子板布、车内防护三件套、车轮挡块等。

Training vehicle, repair manual, disassembly and assembly tools, inspection and measuring tools, front grille cover, fender cover, car interior protective set, wheel chocks, etc.

（二）安全防护用品 Safety Protective Equipment
ān quán fáng hù yòng pǐn

biāo zhǔn zuò yè gōng zhuāng　　ān quán xié　　hù mù jìng　　shǒu tào děng
标准作业工装、安全鞋、护目镜、手套等。

Standard work clothes, safety shoes, goggles, gloves, etc.

（三）汽车信息收集 Vehicle Description
qì chē xìn xī shōu jí

chē pái hào mǎ
车牌号码：＿＿＿＿＿＿＿＿＿＿＿＿＿＿＿＿

License Plate Number：＿＿＿＿＿＿＿＿＿＿

chē liàng xíng hào
车辆型号：＿＿＿＿＿＿＿＿＿＿＿＿＿＿＿＿

Vehicle Model：＿＿＿＿＿＿＿＿＿＿＿＿

mǎ
VIN 码：＿＿＿＿＿＿＿＿＿＿＿＿＿＿＿＿＿

VIN：＿＿＿＿＿＿＿＿＿＿＿＿＿＿＿＿＿

xíng shǐ lǐ chéng
行驶里程：＿＿＿＿＿＿＿＿＿＿＿＿＿＿＿＿

Mileage：＿＿＿＿＿＿＿＿＿＿＿＿＿＿＿＿＿＿＿＿＿＿＿

三、实施步骤及方法
shí shī bù zhòu jí fāng fǎ

Implementation Steps and Methods

（一）车轮的拆卸步骤及方法
chē lún de chāi xiè bù zhòu jí fāng fǎ

Wheel removal steps and methods

（1）安装车轮挡块，防止汽车滑移。
ān zhuāng chē lún dǎng kuài　fáng zhǐ qì chē huá yí

（2）用指针式扭力扳手拧松车轮螺栓。
yòng zhǐ zhēn shì niǔ lì bān shǒu nǐng sōng chē lún luó shuān

（3）举升车辆，使轮胎离地 5~6 cm。
jǔ shēng chē liàng　shǐ lún tāi lí dì

（4）拆下车轮固定螺栓。
chāi xià chē lún gù dìng luó shuān

（5）两手抓住车轮，水平拉出，并将车轮放置在车轮
liǎng shǒu zhuā zhù chē lún　　shuǐ píng lā chū　　bìng jiāng chē lún fàng zhì zài chē lún
架上。
jià shang

（1）Install wheel chocks to prevent the vehicle from moving.

（2）Loosen the wheel nuts with a click-type torque wrench.

（3）Lift the vehicle so that the tire is off the ground.

（4）Remove the wheel fixing bolts.

（5）Grasp the wheel with both hands, pull it out horizontally, and place it on a wheel rack.

（二）车轮的安装步骤及方法
chē lún de ān zhuāng bù zhòu jí fāng fǎ

Wheel installation steps and methods

（1）安装车轮。
ān zhuāng chē lún

（2）
níng jǐn chē lún gù dìng luó shuān
拧紧车轮固定螺栓。

（3）
jiàng xià jǔ shēng jī　　shǐ chē lún zháo dì
降下举升机，使车轮着地。

（4）
àn zhào wéi xiū shǒu cè de yāo qiú　　shǐ yòng yù zhì shì niǔ lì bān shǒu níng jǐn
按照维修手册的要求，使用预制式扭力扳手拧紧
chē lún luó shuān
车轮螺栓。

（1）Install the wheel.

（2）Tighten the wheel fixing bolts.

（3）Lower the lift so that the wheel touches the ground.

（4）Tighten the wheel nuts to the specified torque using a preset torque wrench，as per the repair manual.

píng jià yǔ fǎn kuì
评价与反馈 Evaluation and Feedback

bān jí　　　　　　　　xìng míng　　　　　　zhǐ dǎo jiào shī
班级_____　　姓名_____　　指导教师_____

Class_____　　Name_____　　Instructor_____

kǎo hé 考核 xiàng mù 项目 Items		kǎo hé nèi róng 考核内容 Content	pèi fēn/ 配分/ fēn 分 Total	kǎo hé biāo zhǔn 考核标准 Assessment Criteria	dé fēn/ 得分/ fēn 分 Score
jì néng 技能 kǎo hé 考核 Skill Asse- ssment	zhǔn bèi 准备 Preparation	qīng diǎn gōng jù、liàng jù， 清点工具、量具， qīng lǐ gōng wèi 清理工位 Inventory of tools and measuring instruments；Clean up workspace	1	wèi zuò bù dé fēn 未做不得分 Not done： 0 points	

（续表）

考核项目 kǎo hé xiàng mù Items		考核内容 kǎo hé nèi róng Content	配分/分 pèi fēn fēn Total	考核标准 kǎo hé biāo zhǔn Assessment Criteria	得分/分 dé fēn fēn Score
技能考核 jì néng kǎo hé Skill Assessment	准备 zhǔn bèi Preparation	清洁设备外观 qīng jié shè bèi wài guān Clean equipment exterior	1	未做不得分 wèi zuò bù dé fēn Not done： 0 points	
		检查电源开关 jiǎn chá diàn yuán kāi guān Check power switch	1	未做不得分 wèi zuò bù dé fēn Not done： 0 points	
		安装各种防护套 ān zhuāng gè zhǒng fáng hù tào Install protective covers	2	未做不得分 wèi zuò bù dé fēn Not done： 0 points	
		发动机机舱预检 fā dòng jī jī cāng yù jiǎn Engine bay pre-inspection	5	操作不正确 cāo zuò bù zhèng què 扣1～5分 kòu fēn Incorrect operation： deduct 1～5 points	
	车轮的拆卸 chē lún de chāi xiè Wheel Removal	扭力扳手的正确使用 niǔ lì bān shǒu de zhèng què shǐ yòng Proper use of torque wrench	4	操作不正确 cāo zuò bù zhèng què 扣1～4分 kòu fēn Incorrect operation： deduct 1～4 points	

（续表）

kǎo hé 考核 xiàng mù 项目 Items		kǎo hé nèi róng 考核内容 Content	pèi fēn 配分/ fēn 分 Total	kǎo hé biāo zhǔn 考核标准 Assessment Criteria	dé fēn 得分/ fēn 分 Score
jì néng 技能 kǎo hé 考核 Skill Asse-ssment	chē lún de 车轮的 ān zhuāng 安装 Wheel Installation	jǔ shēng jī de ān quán shǐ yòng 举升机的安全使用 Safe use of lift	4	cāo zuò bù zhèng què 操作不正确 kòu　　fēn 扣1~4分 Incorrect operation：deduct 1~4 points	
		àn shùn xù chāi xiè 按顺序拆卸 Sequential disassembly	4	cāo zuò bù zhèng què 操作不正确 kòu　　fēn 扣1~4分 Incorrect operation：deduct 1~4 points	
		chē lún de zhèng què ān zhuāng 车轮的正确安装 Proper wheel installation	4	cāo zuò bù zhèng què 操作不正确 kòu　　fēn 扣1~4分 Incorrect operation：deduct 1~4 points	
		jǔ shēng jī de ān quán shǐ yòng 举升机的安全使用 Safe use of lift	4	zhěn duàn bù zhèng què 诊断不正确 kòu　　fēn 扣1~4分 Incorrect diagnosis：deduct 1~4 points	

（续表）

kǎo hé 考核 xiàng mù 项目 Items	kǎo hé nèi róng 考核内容 Content		pèi fēn 配分/ fēn 分 Total	kǎo hé biāo zhǔn 考核标准 Assessment Criteria	dé fēn 得分/ fēn 分 Score
jì néng 技能 kǎo hé 考核 Skill Assessment	chē lún de 车轮的 ān zhuāng 安装 Wheel Installation	niǔ lì bān shǒu de zhèng què 扭力扳手的正确 shǐ yòng 使用 Proper use of torque wrench	5	jiǎn xiū bù zhèng què 检修不正确 kòu 扣1~5分 fēn Incorrect overhaul: deduct 1~5 points	
		niǔ lì zhí de què dìng 扭力值的确定 Torque value determination	5	pái chú bù zhèng què 排除不正确 kòu 扣1~5分 fēn Incorrect exclusion: deduct 1~5 points	

chū qín jì lǜ   ān quán fáng hù huán bǎo   zhī shi shuǐ píng   xué xí néng lì kǎo
出勤/纪律、安全/防护/环保、知识水平、学习能力考
hé xiàng mù bù fen jiàn fù lù yī
核项目部分见附录一。

总结与反思见附录二。

Attendance / discipline, safety / protection / environment, knowledge level, and learning ability assessment items are detailed in the Appendix 1.

Summaries and Reflections are detailed in the Appendix 2.

任务七 TASK 7

转向系统的构造与维修

Construction and Maintenance of Steering Systems

rèn wu mù biāo
任务目标 Task Objects

mù biāo lèi xíng 目标类型 Object types	mù biāo yāo qiú 目标要求 Contents
zhī shi mù biāo 知识目标 Knowledge object	zhǎng wò zhuǎn xiàng xì tǒng de jié gòu （1）掌握转向系统的结构； Acquire knowledge about the structure of steering systems； liǎo jiě zhuǎn xiàng xì tǒng de gōng zuò yuán lǐ （2）了解转向系统的工作原理。 Be aware of the working principles of steering systems.
jì néng mù biāo 技能目标 Practice object	néng zhèng què wéi xiū zhuǎn xiàng xì tǒng cháng jiàn gù zhàng （1）能正确维修转向系统常见故障； Have the ability to correctly repair common steering system faults； chá xún wéi xiū zī liào duì zhuǎn xiàng xì tǒng jìn xíng jiǎn cè hé wéi xiū （2）查询维修资料，对转向系统进行检测和维修。 Have the ability to consult maintenance materials in order to inspect and repair steering systems.
pǐn gé mù biāo 品格目标 Competence object	péi yǎng xué shēng zì zhǔ tàn jiū de xué xí xí guàn （1）培养学生自主探究的学习习惯； Cultivate students' habit of independent learning and exploration； péi yǎng xué shēng ān quán cāo zuò de yì shí （2）培养学生安全操作的意识。 Cultivate students' awareness of safe operation.

rèn wu miáo shù
任务描述 Task Description

汽车行驶中，驾驶人向左、右转动转向盘时，感到沉重费力，无回正感；汽车低速转弯行驶和掉头时，驾驶人转动转向盘感到非常沉重，甚至无法转动。

While driving, the driver feels heavy and strenuous when turning the steering wheel left or right, with no self-centering feel. When turning at low speeds or making U-turns, the steering wheel feels very heavy or even impossible to turn.

rèn wu fēn xī
任务分析 Task Analysis

转向系统转向沉重的很大一部分原因是转向轮气压不足或定位不准，转向系统传动链中出现配合过紧或卡滞现象，从而导致摩擦阻力增大。

A significant cause of heavy steering is insufficient tire pressure or improper alignment of the steering wheels. Additionally, excessive tightness or jamming in the steering system transmission chain can lead to increased friction and resistance.

xiāng guān zhī shi
相关知识 Relevant Knowledge

转向系统分为机械式转向系统和动力转向系统两大类。机械式转向系统由转向器、转向操纵机构和转向传动机构

^{sān bù fen zǔ chéng} ^{jī xiè shì zhuǎn xiàng xì tǒng de jié gòu rú tú} ^{suǒ shì} ^{qì chē}
三部分组成。机械式转向系统的结构如图7-1所示。汽车

^{zhuǎn xiàng shí} ^{jià shǐ rén zuò yòng yú zhuǎn xiàng pán shang de lì} ^{jīng guò zhuǎn xiàng zhóu} ^{zhuǎn xiàng}
转向时，驾驶人作用于转向盘上的力，经过转向轴（转向

^{zhù} ^{chuán dào zhuǎn xiàng qì} ^{zhuǎn xiàng qì jiāng zhuǎn xiàng lì fàng dà hòu} ^{yòu tōng guò zhuǎn xiàng chuán}
柱）传到转向器。转向器将转向力放大后，又通过转向传

^{dòng jī gòu de chuán dì} ^{tuī dòng zhuǎn xiàng lún piān zhuǎn} ^{shǐ qì chē xíng shǐ fāng xiàng gǎi biàn}
动机构的传递，推动转向轮偏转，使汽车行驶方向改变。

Steering systems are divided into two main categories：manual steering systems and power steering systems. Manual steering systems consist of three parts：the steering gear, the steering control mechanism, and the steering linkage. Structure of a manual steering system is shown in Fig. 7-1. When the car turns, the force applied by the driver to the steering wheel is transmitted to the steering gear through the steering shaft（steering column）. The steering gear amplifies the steering torque and then transmits it through the steering linkage, pushing the steering wheels to deflect and change the direction of the vehicle.

一、转向器 Steering gear

^{zhuǎn xiàng qì de zuò yòng shì zēng dà yóu zhuǎn xiàng pán chuán dào zhuǎn xiàng jié de lì bìng gǎi biàn}
转向器的作用是增大由转向盘传到转向节的力并改变

^{lì de chuán dì fāng xiàng} ^{huò dé suǒ yāo qiú de bǎi dòng sù dù hé jiǎo dù}
力的传递方向，获得所要求的摆动速度和角度。

^{zhuǎn xiàng qì àn jié gòu xíng shì} ^{kě fēn wéi wō gǎn qū bǐng zhǐ xiāo shì} ^{xún huán qiú}
转向器按结构形式，可分为蜗杆曲柄指销式、循环球

^{shì hé chǐ lún chǐ tiáo shì} ^{zhǒng} ^{àn qí zuò yòng lì de chuán dì qíng kuàng} ^{kě fēn wéi kě nì}
式和齿轮齿条式3种；按其作用力的传递情况，可分为可逆

^{shì} ^{bù kě nì shì hé jí xiàn shì} ^{zhǒng}
式、不可逆式和极限式3种。

The function of the steering gear is to increase the force transmitted from the steering wheel to the steering knuckle, change the direction of force transmission, and achieve the required swing speed and angle.

Steering gears can be classified into three types according to their structural form: worm and sector-type, recirculating ball-type, and rack and pinion type. Based on the transmission of force, they can be divided into reversible, irreversible, and limiting types.

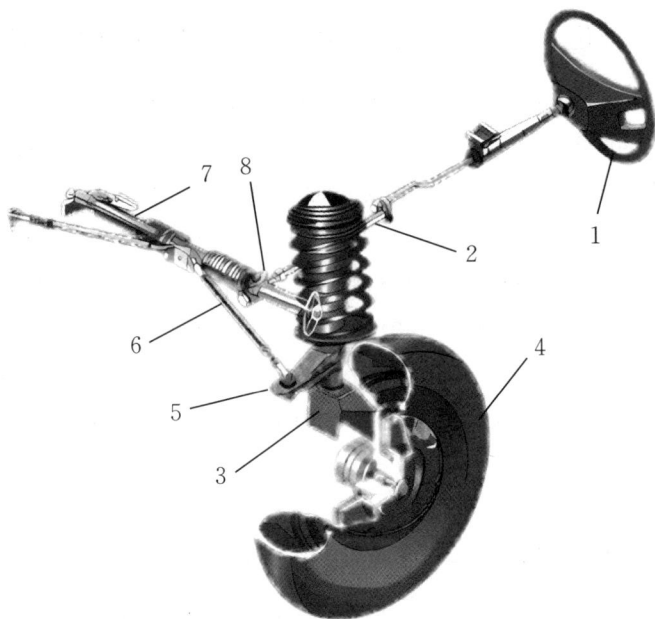

1—转向盘; 2—安全转向轴; 3—转向节; 4—转向轮;

1—steering wheel; 2—safety steering shaft; 3—steering knuckle; 4—steering wheel;

5—转向节臂; 6—转向横拉杆; 7—转向减振器;

5—steering knuckle arm; 6—steering tie rod; 7—steering damper;

8—机械转向器。

8—manual steering gear.

图7-1 机械式转向系统的结构

Fig. 7-1 Structure of a manual steering system

（一）蜗杆曲柄指销式转向器
wō gǎn qū bǐng zhǐ xiāo shì zhuǎn xiàng qì

Worm and sector-type steering gear

1. 组成 Composition
zǔ chéng

东风 EQ140 型汽车采用的蜗杆曲柄指销式转向器（图
dōng fēng   xíng qì chē cǎi yòng de wō gǎn qū bǐng zhǐ xiāo shì zhuǎn xiàng qì   tú

7-2）主要由壳体、蜗杆、曲柄、指销、转向摇臂轴、上
zhǔ yào yóu ké tǐ wō gǎn qū bǐng zhǐ xiāo zhuǎn xiàng yáo bì zhóu shàng

盖、下盖、调整螺塞及螺钉等组成。
gài xià gài tiáo zhěng luó sāi jí luó dìng děng zǔ chéng

Worm and sector-type steering gear（Fig. 7-2）used in the Dongfeng
EQ140 model mainly consists of a housing, worm, sector, pin, pitman'arm
shaft, upper cover, lower cover, adjusting plug, and screws.

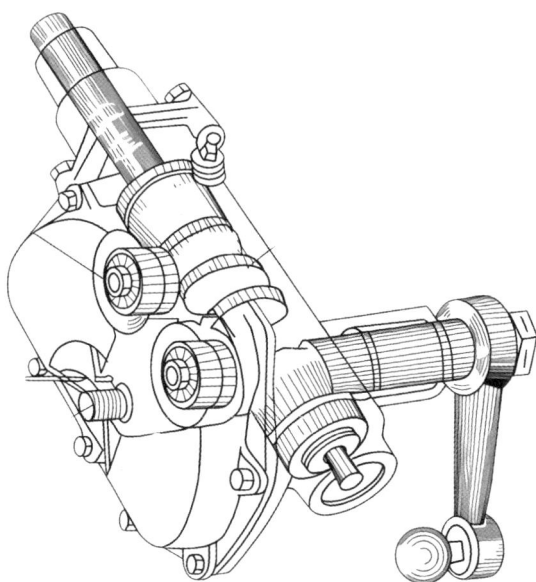

图 7-2   蜗杆曲柄指销式转向器
tú   wō gǎn qū bǐng zhǐ xiāo shì zhuǎn xiàng qì

Fig. 7-2   Worm and sector-type steering gear

2. 工作过程 Operation
(gōng zuò guò chéng)

汽车转向时，通过转向盘和转向轴使蜗杆转动，嵌于螺杆螺旋槽的锥形指销一边自转，一边绕转向摇臂轴摆动，并通过转向传动机构使汽车转向轮偏转，实现汽车转向。

When the car is steered, the worm rotates through the steering wheel and steering shaft. The tapered pin embedded in the worm groove rotates and swings around the pitman'arm shaft, transmitting motion through the worm nut transmission pair.

（二）循环球式转向器
(xún huán qiú shì zhuǎn xiàng qì)

Recirculating ball-type steering gear

1. 组成 Composition
(zǔ chéng)

循环球式转向器（图7-3）由两套传动副组成，一套是螺杆螺母传动副，另一套是齿条齿扇传动副或滑块曲柄销传动副。

Recirculating ball-type steering gear（Fig. 7-3）consists of two transmission pairs: a worm nut transmission pair and a rack and sector transmission pair or a slider crank pin transmission pair.

2. 工作过程 Operation
(gōng zuò guò chéng)

当转动转向盘时，转向螺杆也随之转动，通过钢球将作用力传给螺母，螺母即产生轴向移动。同时，由于摩擦

lì de zuò yòng　　　　suǒ yǒu gāng qiú zài zhuǎn xiàng luó gǎn yǔ luó mǔ zhī jiān gǔn dòng　　xíng chéng
力的作用，所有钢球在转向螺杆与螺母之间滚动，形成

qiú liú　　　gāng qiú zài luó mǔ nèi rào xíng liǎng zhōu hòu　　liú chū luó mǔ jìn rù dǎo guǎn
"球流"。钢球在螺母内绕行两周后，流出螺母进入导管，

zài yóu dǎo guǎn liú huí luó mǔ　　suí zhe luó mǔ yán zhuǎn xiàng luó gǎn zuò zhóu xiàng yí dòng　　qí
再由导管流回螺母，随着螺母沿转向螺杆做轴向移动，其

chǐ tiáo dài dòng chǐ shàn yùn dòng　　chǐ shàn dài dòng chuí bì zhóu zhuàn dòng　　cóng ér shǐ zhuǎn xiàng chuí
齿条带动齿扇运动，齿扇带动垂臂轴转动，从而使转向垂

bì bǎi dòng　　tōng guò zhuǎn xiàng chuán dòng jī gòu shǐ zhuǎn xiàng lún piān zhuǎn wán chéng qì chē zhuǎn xiàng
臂摆动，通过转向传动机构使转向轮偏转完成汽车转向。

When the steering wheel is turned, the steering screw also rotates. The force is transmitted to the nut through the steel balls, causing the nut to move axially. Due to friction, the steel balls roll between the steering screw and the nut, forming a "ball flow". After the steel balls circulate twice inside the nut, they flow out of the nut into the return tube, and then back into the nut. As the nut moves axially along the steering screw, its rack drives the sector gear, which in turn drives the pitman'arm shaft to rotate, causing the pitman' arm to swing. This motion is transmitted through the steering linkage to deflect the steering wheels and complete the vehicle's turn.

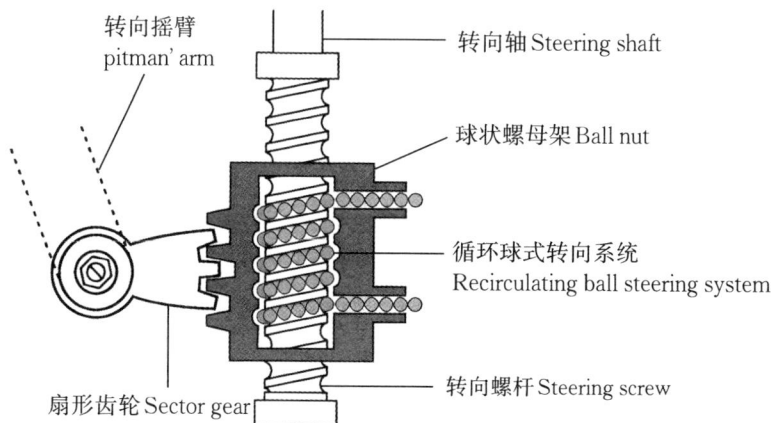

转向摇臂 pitman' arm
转向轴 Steering shaft
球状螺母架 Ball nut
循环球式转向系统 Recirculating ball steering system
转向螺杆 Steering screw
扇形齿轮 Sector gear

tú　　　xún huán qiú shì zhuǎn xiàng qì
图7-3　循环球式转向器
Fig. 7-3　Recirculating ball-type steering gear

（三）齿轮齿条式转向器 Rack and pinion steering gear

齿轮齿条式转向器具有结构简单、轻巧、传力杆件少、维修方便、操纵灵敏等优点，目前被广泛用于采用前轮独立悬架的轻型、微型汽车和中级、高级轿车上，如上海大众桑塔纳、一汽奥迪、天津 TJ7100 等。

齿轮齿条式转向器分为两端输出和中间（或单端）输出两种。两端输出的齿轮齿条式转向器如图 7-4 所示，作为传动副主动件的转向齿轮轴 11 通过向心球轴承 12 和滚针轴承 13 安装在转向器壳体 5 中，其上端通过花键与万向节 10 和转向轴连接。与转向齿轮啮合的转向齿条 4 水平布置，两端通过球头座 3 与转向横拉杆 1 相连。压紧弹簧 7 通过压块 9 将齿条压在齿轮上，以保证无间隙啮合。

弹簧的预紧力可用调整螺塞 6 调整。当转动转向盘时，转向齿轮轴 11 转动，使与之啮合的转向齿条 4 沿轴向移动，从而使左右转向横拉杆带动转向节左右转动，使转向车轮偏转，从而实现汽车转向。

中间输出的齿轮齿条式转向器如图 7-5 所示。其结构及工作原理与两端输出的齿轮齿条式转向器基本相同，不同

zhǐ chù zài yú tā zài zhuǎn xiàng chǐ tiáo de zhōng bù yòng jǐn gù luó shuān　yǔ zuǒ yòu zhuǎn xiàng héng
之处在于它在转向齿条的中部用紧固螺栓6与左右转向横

lā gǎn　xiāng lián　zài zhōng jiān shū chū de chǐ lún chǐ tiáo shì zhuǎn xiàng qì shang　chǐ tiáo de yī
拉杆7相连。在中间输出的齿轮齿条式转向器上，齿条的一

duān tōng guò nèi wài tuō jià　yǔ zhuǎn xiàng héng lā　gǎn xiāng lián
端通过内外托架与转向横拉杆相连。

Rack and pinion steering gears have the advantages of simple structure, lightweight, fewer transmission components, easy maintenance, and responsive handling. They are currently widely used in light and mini vehicles, as well as mid-range and high-end sedans with front independent suspension, such as the Shanghai Volkswagen Santana, FAW Audi, and Tianjin TJ7100.

Rack and pinion steering gears are divided into two types: double-end output and center (or single-end) output. Double-end output rack and pinion steering gear is shown in Fig. 7-4. Steering pinion shaft 11, which acts as the driving member of the transmission pair, is mounted in steering gear housing 5 through angular contact ball bearing 12 and needle roller bearing 13. Its upper end is connected to the universal joint 10 and steering shaft through splines. Steering rack 4, which meshes with the steering pinion, is arranged horizontally and connected to the steering tie rod 1 at both ends through ball joint 3. Pressure spring 7 presses the rack against the pinion through pressure block 9 to ensure clearance-free meshing.

The spring preload can be adjusted by adjusting plug 6. When the steering wheel is turned, steering pinion shaft 11 rotates, causing steering rack 4, which meshes with it, to move axially, thereby driving the left and right steering tie rods to move the steering knuckles left and right, deflecting the steering wheels and achieving steering.

Center-output rack and pinion steering gear is shown in Fig. 7-5. Its structure and working principle are basically the same as double-end output rack and pinion steering gear, except that it is connected to the left and right steering tie rod 7 with fastening bolt 6 in the middle of the steering rack. In the center-output rack and pinion steering gear, one end of the rack is connected to the steering tie rod through inner and outer brackets.

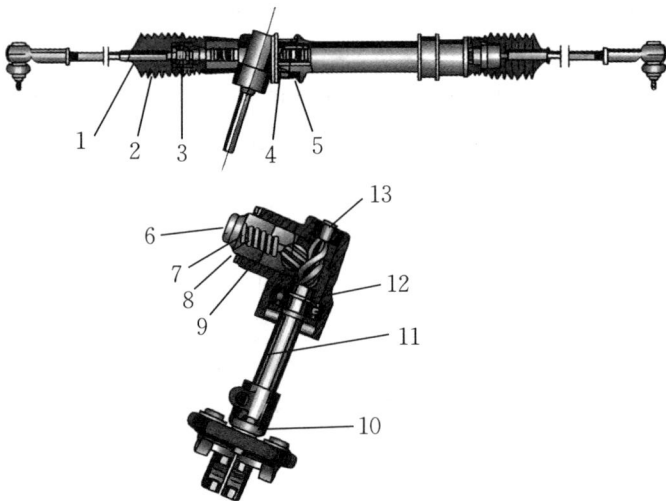

1—转向横拉杆；2—防尘套；3—球头座；4—转向齿条；
1—steering tie rod; 2—dust cover; 3—ball joint; 4—steering rack;

5—转向器壳体； 6—调整螺塞； 7—压紧弹簧； 8—锁紧螺母；
5—steering gear housing; 6—adjusting plug; 7—pressure spring; 8—lock nut;

9—压块； 10—万向节； 11—转向齿轮轴；
9—pressure block; 10—universal joint; 11—steering pinion shaft;

12—向心球轴承； 13—滚针轴承。
12—angular contact ball bearing; 13—needle roller bearing.

图7-4 两端输出的齿轮齿条式转向器

Fig. 7-4 Double-end output rack and pinion steering gear

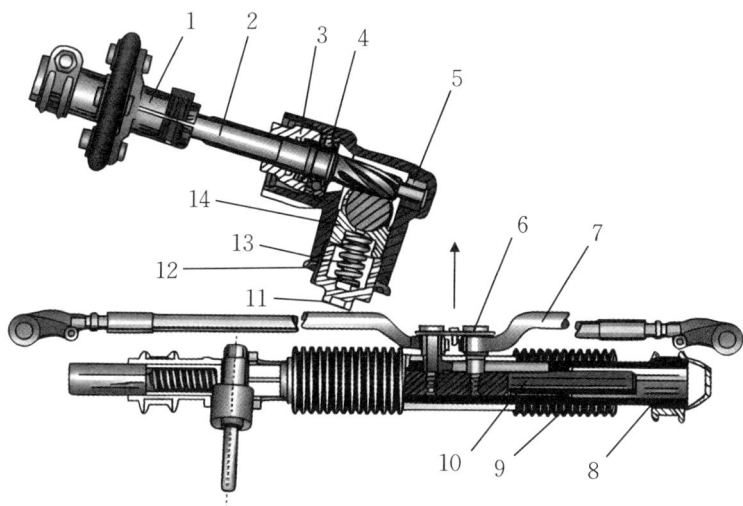

1—万向节；　2—转向齿轮轴；　3—调整螺母；

1—universal joint；2—steering pinion shaft；3—adjusting nut；

4—向心球轴承；　　5—滚针轴承；　　6—紧固螺栓；

4—angular contact ball bearing；5—needle roller bearing；6—fastening bolt；

7—左右转向横拉杆；　8—转向器壳体；　　9—防尘套；

7—left and right steering tie rod；8—steering gear housing；9—dust cover；

10—转向齿条；11—调整螺塞；12—锁紧螺母；13—压紧弹簧；

10—steering rack；11—adjusting plug；12—lock nut；　13—pressure spring；

14—压块。

14—pressure block.

图7-5　中间输出的齿轮齿条式转向器

Fig. 7-5　Center-output rack and pinion steering gear

二、转向操纵机构 Steering control mechanism
zhuǎnxiàng cāo zòng jǐ gòu

（一）转向操纵机构的结构
zhuān xiàng cāo zòng jǐ gòu de jié gòu

Structure of the steering control mechanism

zhuān xiàng pán yǔ zhuān xiàng qì zhī jiān de suǒ yǒu líng bù jiàn zǒng chēng wéi zhuān xiàng cāo zòng jī
转向盘与转向器之间的所有零部件总称为转向操纵机
gòu qí jié gòu rú tú suǒ shì
构，其结构如图7-6所示。

All components between the steering wheel and the steering gear are collectively called the steering control mechanism, structure of the steering control mechanism is shown in Fig. 7-6.

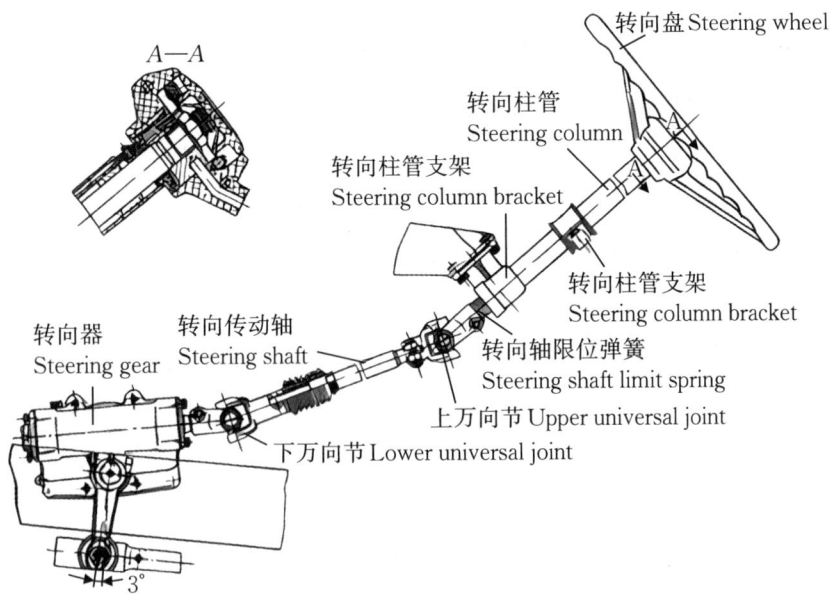

图7-6 转向操纵机构结构图
tú zhuān xiàng cāo zòng jī gòu jié gòu tú

Fig. 7-6 Structure of the steering control mechanism

zhuǎn xiàng cāo zòng jī gòu de bù jiàn jí ān quán zhuāng zhì
（二）转向操纵机构的部件及安全装置

Components and safety devices of the steering control mechanism

zhuǎn xiàng pán
1. 转向盘 Steering wheel

zhuǎn xiàng pán　　tú　　　　yóu lún quān　lún fú hé lún gǔ zǔ chéng　zhuǎn xiàng pán
转向盘（图7-1）由轮圈、轮辐和轮毂组成。转向盘

lún gǔ de xì yá nèi huā jiàn yǔ zhuǎn xiàng zhóu lián jiē　zhuǎn xiàng pán shang dōu zhuāng yǒu yáng shēng qì
轮毂的细牙内花键与转向轴连接，转向盘上都装有扬声器

àn niǔ　　yǒu xiē jiào chē de zhuǎn xiàng pán shang hái zhuāng yǒu chē sù kòng zhì kāi guān hé ān quán
按钮，有些轿车的转向盘上还装有车速控制开关和安全

qì náng
气囊。

Steering wheel (Fig.7-1) consists of a rim, spokes, and a hub. The fine-tooth internal spline of the steering wheel hub is connected to the steering shaft. The steering wheel is equipped with horn buttons, and some cars also have cruise control switches and airbags on the steering wheels.

zhuǎn xiàng zhóu　zhuǎn xiàng zhù guǎn jí qí xī néng zhuāng zhì
2. 转向轴、转向柱管及其吸能装置

Steering shaft, steering column, and energy-absorbing devices

zhuǎn xiàng zhóu shì lián jiē zhuǎn xiàng pán hé zhuǎn xiàng qì de chuán dòng jiàn　zhuǎn xiàng zhù guǎn gù
转向轴是连接转向盘和转向器的传动件，转向柱管固

dìng zài chē shēn shang　zhuǎn xiàng zhóu cóng zhuǎn xiàng zhù guǎn zhōng chuān guò　zhī chéng zài zhù guǎn nèi de
定在车身上，转向轴从转向柱管中穿过，支承在柱管内的

zhóu chéng hé chèn tào shang
轴承和衬套上。

The steering shaft is the transmission component that connects the steering wheel and the steering gear. The steering column is fixed to the car body，and the steering shaft passes through the steering column，supported by bearings and bushings inside the column.

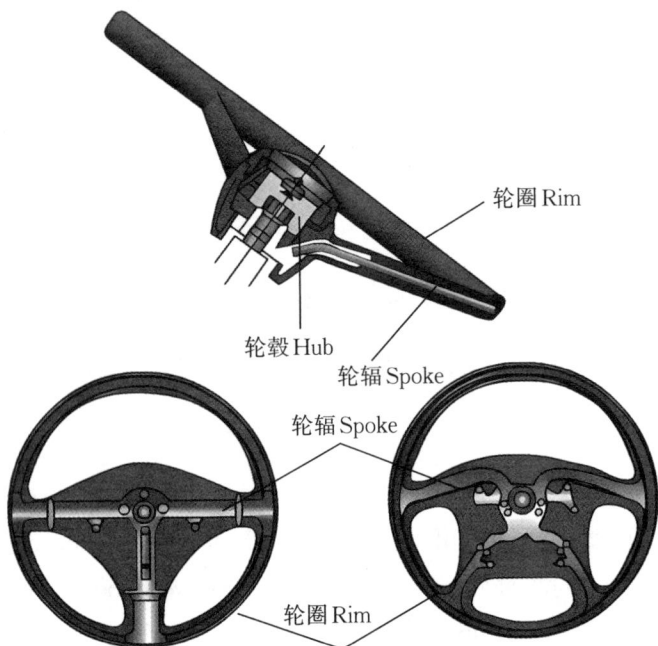

轮圈 Rim

轮毂 Hub

轮辐 Spoke

轮辐 Spoke

轮圈 Rim

（a）转向盘的构造
Steering wheel structure

（b）三辐转向盘
Three-spoke steering wheel

（c）四辐转向盘
Four-spoke steering wheel

tú
图7-7 转向盘

zhuǎn xiàng pán

Fig. 7-7 Steering wheel

轿车除要求装有吸能式转向盘外，还要求转向柱管必须装备能够缓和冲击的吸能装置。转向轴和转向柱管吸能装置的基本工作原理：当转向轴受到巨大冲击而产生轴向位移时，吸能装置通过转向柱管或支架产生塑性变形、转向轴产生错位等方式吸收冲击能量。

In addition to requiring energy-absorbing steering wheels, cars also require the steering column to be equipped with energy-absorbing devices that can mitigate impact. The basic working principle of the steering shaft and steering column energy-absorbing devices is as follows: when the steering shaft is subjected to a huge impact and generates axial displacement, the energy-absorbing device absorbs the impact energy through plastic deformation of the steering column or bracket, or dislocation of the steering shaft.

三、转向传动机构 Steering linkage

从转向器到转向轮之间的所有传动杆件总称为转向传动机构。

转向传动机构的功用是将转向器输出的力和运动传给转向桥两侧的转向节，使转向轮偏转，并使两转向轮偏转角按一定关系变化，以保证汽车转向时车轮与地面的相对滑动尽可能小。

The steering linkage encompasses all the transmission rods between the steering gear and the steering wheels.

The function of the steering linkage is to transmit the force and motion output from the steering gear to the steering knuckles on both sides of the steering axle, causing the steering wheels to deflect. It also ensures that the steering angles of the two wheels change in a specific relationship to minimize relative sliding between the wheels and the ground during steering maneuvers.

yǔ fēi dú lì xuán jià pèi yòng de zhuǎn xiàng chuán dòng jī gòu
（一）与非独立悬架配用的转向传动机构

Steering linkage for non-independent suspensions

zhuǎn xiàng chuán dòng jī gòu de jié gòu
1. 转向传动机构的结构

Structure of the steering linkage

zhuǎn xiàng chuán dòng jī gòu yóu zhuǎn xiàng yáo bì   zhuǎn xiàng zhí lā gǎn   zhuǎn xiàng jié bì hé
转向传动机构由转向摇臂、转向直拉杆、转向节臂和
zhuǎn xiàng tī xíng děng líng bù jiàn gòng tóng zǔ chéng   qí zhōng zhuǎn xiàng tī xíng yóu tī xíng bì   zhuǎn
转向梯形等零部件共同组成，其中转向梯形由梯形臂、转
xiàng héng lā gǎn hé qián liáng gòng tóng gòu chéng   yǔ fēi dú lì xuán jià pèi yòng de zhuǎn xiàng chuán dòng
向横拉杆和前梁共同构成。与非独立悬架配用的转向传动
jī gòu shì yì tú rú tú   suǒ shì
机构示意图如图7-8所示。

The steering linkage comprises the pitman'arm, steering drag link, steering knuckle arm, and steering trapezoid. The steering trapezoid is formed by the steering arm, steering tie rod, and front beam. Schematic diagram of the steering linkage for non-independent suspensions is shown in Fig. 7-8.

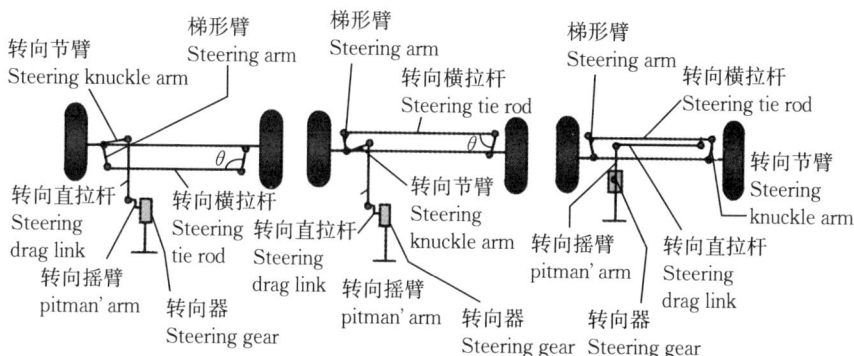

tú
图7-8　与非独立悬架配用的转 向 传 动机构示意图

Fig. 7-8　Schematic diagram of the steering linkage for
non-independent suspensions

2. 转 向 摇 臂 pitman's arm

循环球式转 向 器和蜗杆曲柄指销式转 向 器通过转 向 摇臂与转 向 直拉杆相连。转 向 摇臂（图 7-9）的大端用带锥度的三角形齿形花键与转 向 器中摇臂轴的外端连接，小端通过球头销与转 向 直拉杆作空间铰链连接。

The recirculating ball-type steering gear and worm and sector-type steering gear are connected to the steering drag link through the pitman' arm. The large end of the pitman'arm（Fig. 7-9）is connected to the outer end of the rocker arm shaft in the steering gear using a tapered triangular spline, and the small end is connected to the steering drag link through a ball stud for spatial articulation.

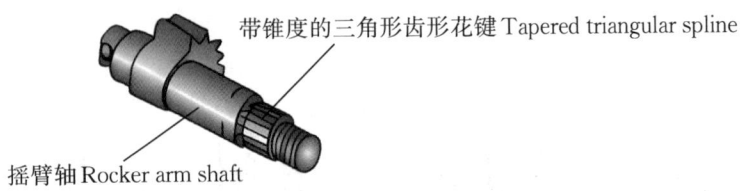

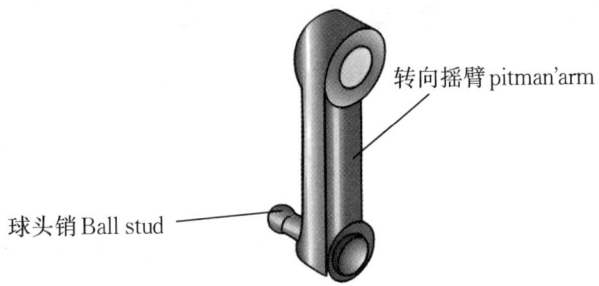

带锥度的三角形齿形花键 Tapered triangular spline

摇臂轴 Rocker arm shaft

转向摇臂 pitman'arm

球头销 Ball stud

tú
图 7-9 转向摇臂

zhuān xiàng yáo bì

Fig. 7-9 pitman'arm

zhuānxiàng zhí lā gǎn
3. 转向直拉杆 Steering drag link

zhuān xiàng zhí lā gǎn shì zhuān xiàng yáo bì yǔ zhuān xiàng jié bì zhī jiān de chuán dòng gǎn jiàn
转向直拉杆是转向摇臂与转向节臂之间的传动杆件，

jù yǒu chuán lì hé huǎn chōng zuò yòng zài zhuān xiàng lún piān zhuǎn qiě yīn xuán jià tán xìng biàn xíng ér
具有传力和缓冲作用。在转向轮偏转且因悬架弹性变形而

xiāng duì yú chē jià tiào dòng shí zhuān xiàng zhí lā gǎn tú yǔ zhuān xiàng yáo bì jí
相对于车架跳动时，转向直拉杆（图 7-10）与转向摇臂及

zhuānxiàng jié bì de xiāng duì yùn dòng dōu shì kōng jiān yùn dòng wèi le bù fā shēng yùn dòng gǎn shè
转向节臂的相对运动都是空间运动，为了不发生运动干涉，

sān zhě zhī jiān de lián jiē jiàn dōu shì qiú xíng jiǎo liàn
三者之间的连接件都是球形铰链。

The steering drag link is a transmission component between the pitman'arm and the steering knuckle arm, responsible for transmitting force and providing cushioning. When the steering wheel is turned and the suspension undergoes elastic deformation, causing the wheel to move relative to the frame, the relative motion between steering drag link (Fig. 7-10),

pitman ' arm, and steering knuckle arm is spatial. To prevent motion interference, the connecting parts between these three components are all spherical joints.

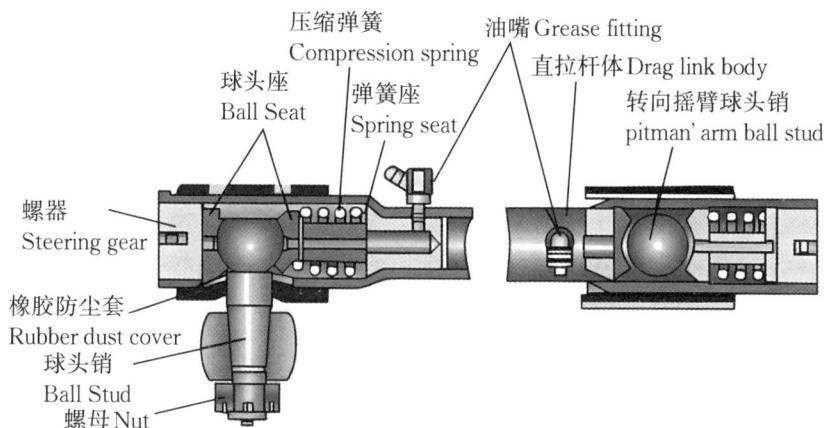

压缩弹簧
Compression spring

油嘴 Grease fitting

球头座
Ball Seat

弹簧座
Spring seat

直拉杆体 Drag link body

转向摇臂球头销
pitman' arm ball stud

螺器
Steering gear

橡胶防尘套
Rubber dust cover
球头销
Ball Stud
螺母 Nut

tú   zhuǎn xiàng zhí lā gǎn
图7-10　转向直拉杆

Fig. 7-10　Steering drag link

zhuǎn xiàng héng lā gǎn
4. 转向横拉杆 Steering tie rod

zhuǎn xiàng héng lā gǎn   tú   shì zhuǎn xiàng tī xíng jī gòu de dǐ biān   yóu héng
转向横拉杆（图7-11）是转向梯形机构的底边，由横
lā gǎn tǐ hé xuán zhuāng zài liǎng duān de zhuǎn xiàng héng lā gǎn jiē tóu   tú   zǔ chéng
拉杆体和旋装在两端的转向横拉杆接头（图7-12）组成。
qí tè diǎn shì cháng dù kě tiáo   tōng guò tiáo zhěng héng lā gǎn de cháng dù   kě yǐ tiáo zhěng qián
其特点是长度可调，通过调整横拉杆的长度，可以调整前
lún qián shù
轮前束。

Steering tie rod (Fig. 7-11) forms the base of the steering trapezoid mechanism. It consists of a tie rod body and steering tie rod ends (Fig. 7-12) threaded onto both ends. Its key feature is its adjustable length, allowing for front wheel toe adjustment.

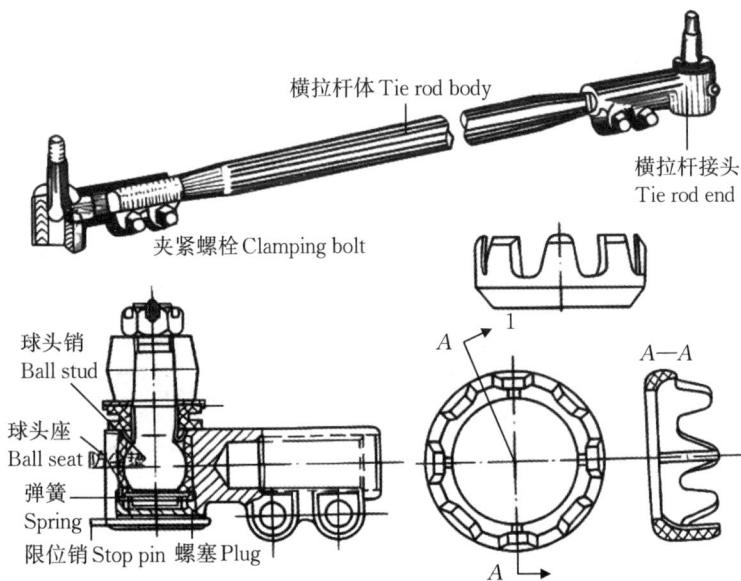

tú　　　　zhuǎn xiàng héng lā gān
图7-11　转向横拉杆

Fig. 7-11　Steering tie rod

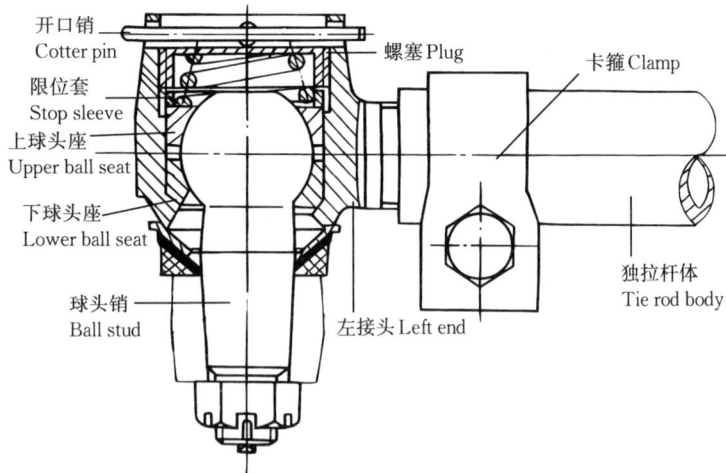

tú　　　　zhuǎn xiàng héng lā gān jiē tóu
图7-12　转向横拉杆接头

Fig. 7-12　Steering tie rod end

（二）与独立悬架配用的转向传动机构

Steering linkage for independent suspensions

当转向轮采用独立悬架时，为了满足转向轮独立运动的需要，转向桥是断开式的，转向传动机构中的转向梯形也必须断开。

与独立悬架配用的多数是齿轮齿条式转向器，该转向器布置在车身上，转向横拉杆通过球头销与齿条及转向节臂相连。转向传动机构布置示意图如图7-13所示。

当采用循环球式转向器（图7-14）时，转向传动机构的杆件较多。

When independent suspension is used for the steering wheels, the steering axle is disconnected to accommodate the independent movement of the steering wheels, and the steering trapezoid in the steering linkage must also be disconnected.

Most independent suspensions use rack and pinion steering gears, which are mounted on the car body. The steering tie rods are connected to the racks and steering knuckle arms through ball studs. Schematic diagram of the steering linkage arrangement is shown in Fig. 7-13.

When a recirculating ball steering gear (Fig. 7-14) is used, the steering linkage has more components.

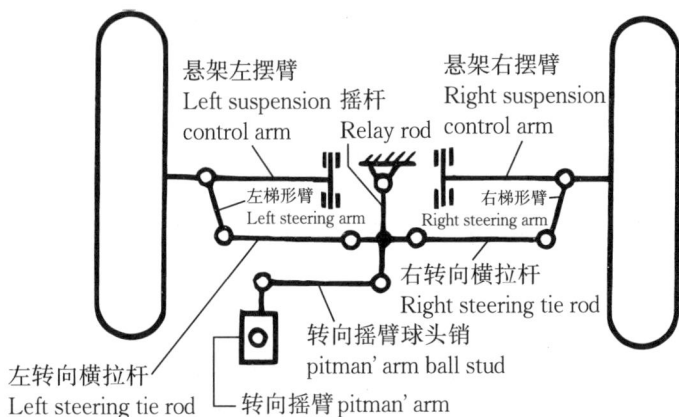

悬架左摆臂
Left suspension 摇杆
control arm Relay rod

悬架右摆臂
Right suspension
control arm

左梯形臂
Left steering arm

右梯形臂
Right steering arm

右转向横拉杆
Right steering tie rod

转向摇臂球头销
pitman' arm ball stud

左转向横拉杆
Left steering tie rod

转向摇臂 pitman' arm

tú   zhuǎn xiàng chuán dòng jī gòu bù zhì shì yì tú
图7-13 转向传动机构布置示意图

Fig. 7-13   Schematic diagram of the steering linkage arrangement

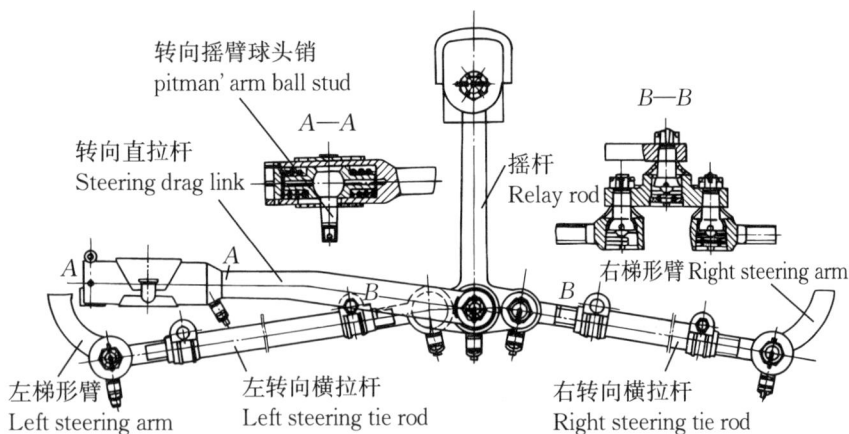

转向摇臂球头销
pitman' arm ball stud

A—A

B—B

转向直拉杆
Steering drag link

摇杆
Relay rod

右梯形臂 Right steering arm

A

B

B

左梯形臂
Left steering arm

左转向横拉杆
Left steering tie rod

右转向横拉杆
Right steering tie rod

tú   xún huán qiú shì zhuǎn xiàng qì
图7-14   循环球式转向器

Fig. 7-14   Recirculating ball steering gear

rèn wu shí shī
任务实施Teaching Task

zhuǎn xiàng xì tǒng de chāi zhuāng yǔ wéi xiū
转向系统的拆装与维修
Disassembly，Assembly，and Maintenance of the Steering System

shí shī mù dì
一、实施目的Objectives

rèn shi zhuǎn xiàng xì tǒng de jié gòu
（1）认识转向系统的结构。

zhǎng wò zhuǎn xiàng xì tǒng de chāi zhuāng yǔ gù zhàng zhěn duàn fāng fǎ
（2）掌握转向系统的拆装与故障诊断方法。

（1）Understand the structure of the steering system.

（2）Master the disassembly，assembly，and fault diagnosis methods of the steering system.

jì néng xùn liàn zhǔn bèi
二、技能训练准备Preparation for Skills Training

suǒ xū shè bèi　　gōng　　liáng　　jù jí cái liào
（一）所需设备、工（量）具及材料

Required Equipment，Tools，and Materials

shí xùn yòng chē liàng　　wéi xiū shǒu cè　　chāi zhuāng gōng jù　　jiǎn cè liáng jù　　qián gé
实训用车辆、维修手册、拆装工具、检测量具、前格
zhà bù　　yì zǐ bǎn bù　　chē nèi fáng hù sān jiàn tào　　chē lún dǎng kuài děng
栅布、翼子板布、车内防护三件套、车轮挡块等。

Training vehicle，repair manual，disassembly and assembly tools，inspection and measuring tools，front grille cover，fender cover，car interior protective set，wheel chocks，etc.

（二）安全防护用品 Safety Protective Equipment

biāo zhǔn zuò yè gōng zhuāng ān quán xié hù mù jìng shǒu tào děng
标准作业工装、安全鞋、护目镜、手套等。

Standard work clothes, safety shoes, goggles, gloves, etc.

（三）汽车信息收集 Vehicle Description

chē pái hào mǎ
车牌号码：＿＿＿＿＿＿＿＿＿＿＿＿＿＿＿＿＿

License Plate Number：＿＿＿＿＿＿＿＿＿＿＿＿＿＿

chē liàng xíng hào
车辆型号：＿＿＿＿＿＿＿＿＿＿＿＿＿＿＿＿＿

Vehicle Model：＿＿＿＿＿＿＿＿＿＿＿＿＿＿＿

mǎ
VIN 码：＿＿＿＿＿＿＿＿＿＿＿＿＿＿＿＿＿＿

VIN：＿＿＿＿＿＿＿＿＿＿＿＿＿＿＿＿＿＿＿

xíng shǐ lǐ chéng
行驶里程：＿＿＿＿＿＿＿＿＿＿＿＿＿＿＿＿

Mileage：＿＿＿＿＿＿＿＿＿＿＿＿＿＿＿＿＿

三、技术规范与注意事项

Technical Specifications and Precautions

suǒ yǒu líng jiàn yīng xǐ jìng chuī gān jìn zhǐ shǐ yòng qì yóu qīng xǐ xiàng jiāo
（1）所有零件应洗净、吹干。禁止使用汽油清洗橡胶

mì fēng jiàn
密封件。

suǒ yǒu líng jiàn yīng qīng jié rùn huá
（2）所有零件应清洁、润滑。

yòng zhuān yòng gōng jù zhuāng chāi jìn zhǐ yòng chuí zi měng liè qiāo jī zhuǎn xiàng
（3）用专用工具装拆，禁止用锤子猛烈敲击转向

líng jiàn
零件。

（4）装配滚针轴承时，要在轴承内表面上涂一层润滑脂。装配转向轴衬套时，也要在内表面上涂润滑脂。

（5）转向器壳体里的摇臂轴衬套有两个，要同时更换。

（1）All parts should be washed and dried. Do not use gasoline to clean rubber seals.

（2）All parts should be cleaned and lubricated.

（3）Use special tools for assembly and disassembly. Do not use a hammer to forcefully strike the steering components.

（4）When assembling needle roller bearings, apply a layer of grease to the inner surface of the bearings. Also, apply grease to the inner surface of the steering shaft bushings when assembling.

（5）The steering gear housing has two rocker arm shaft bushings, which should be replaced simultaneously.

四、实施步骤及方法

Implementation Steps and Methods

（一）实训内容 Content

检查与调整东风货车汽车转向盘自由行程。

Inspect and adjust the steering wheel free play of a Dongfeng truck.

（二）操作步骤 Operation steps

（1）首先使汽车前轮处于直线行驶的位置，再将检查器的刻度盘和指针分别固定在转向柱管和转向盘上，向左、向右旋转转向盘到感觉有阻力为止（前轮不偏转），此时指针在刻度盘上所划过的角度即转向盘的自由行程。转向盘自由行程的检查如图7-15所示。

（2）调整转向盘自由行程前，首先应检查转向传动机构中各处固定或连接部位是否松动，并对松动部位进行必要的紧固，或更换严重损坏的零部件。当一切都符合要求，但转向盘自由行程仍然偏大时，应该调整转向器的啮合间隙。调整时，汽车应处于直线行驶位置，并保证两侧轮胎气压一致。

（3）检查摇臂轴的轴向间隙。将转向器转动至中间位置，手握住转向摇臂，沿着转向器摇臂轴轴向前后拉动转向摇臂。摇臂轴的轴向间隙如图7-16所示。当手感觉到有轴向窜动时，调整转向器侧盖上的调整螺钉。旋进螺钉，啮合间隙减小，转向盘自由行程减小；旋出螺钉，结果相反，调整至摇臂轴无轴向间隙为止。

（4）在调整时，也可把转向盘置于中间啮合位置，然后从车架里侧将调整螺钉的锁紧螺母旋松，用旋具将调整螺钉拧到底，再返回1/8圈左右，最后将锁紧螺母锁紧。

（1）First, ensure the front wheels of the vehicle are in the straight-ahead position. Then fix the dial and pointer of the checker on the steering column and steering wheel, respectively. Rotate the steering wheel to the left and right until resistance is felt (without turning the front wheels). The angle swept by the pointer on the dial is the free play of the steering wheel. Inspection of the steering wheel free play is shown in Fig. 7-15.

（2）Before adjusting the steering wheel free play, first check whether the fixing or connecting parts of the steering linkage are loose, and tighten the loose parts or replace severely damaged components as necessary. If everything meets the requirements, but the steering wheel free play is still too large, the meshing clearance of the steering gear should be adjusted. During adjustment, the vehicle should be in the straight-ahead position, and ensure that the tire pressure on both sides is consistent.

（3）Check the axial clearance of the rocker arm shaft. Turn the steering gear to the middle position, hold the pitman'arm, and pull the pitman'arm back and forth along the axis of the steering arm shaft. Axial clearance of the rocker arm shaft is shown in Fig. 7-16. When axial movement is felt, adjust the adjusting screw on the side cover of the steering gear. Turning the screw in will reduce the meshing clearance and the steering wheel free play; turning the screw out will have the opposite effect. Adjust until there is no axial clearance in the rocker arm shaft.

（4）During adjustment, you can also place the steering wheel in the middle meshing position, then loosen the lock nut of the adjusting screw from the inside of the frame, and use a screwdriver to turn the adjusting screw to the end, then turn it back about 1/8 turn, and finally tighten the lock nut.

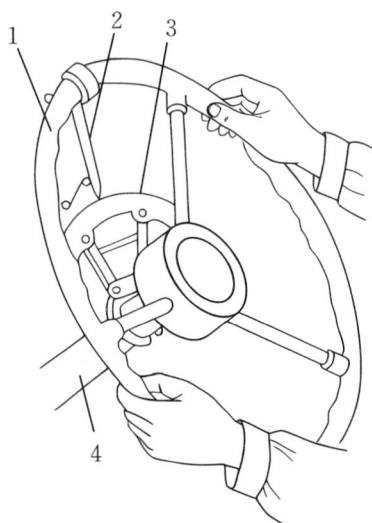

1—转向盘;
steering wheel;

2—检查指针;
inspection pointer;

3—检查刻度盘;
inspection dial;

4—转向柱管。
steering column.

tú　　　zhuǎn xiàng pán zì yóu xíng chéng de jiǎn chá
图7-15　转向盘自由行程的检查

Fig. 7-15　Inspection of the steering wheel free play

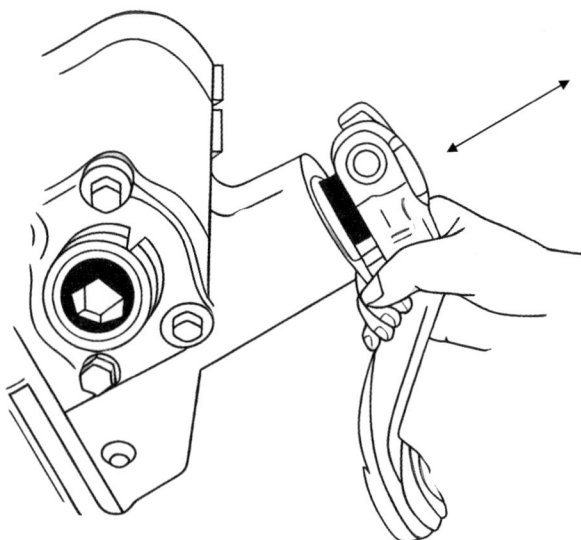

tú　　　yáo bì zhóu de zhóu xiàng jiàn xì
图7-16　摇臂轴的轴向间隙

Fig. 7-16　Axial clearance of the rocker arm shaft

píng jià yǔ fǎn kuì
评价与反馈 Evaluation and Feedback

bān jí
班级＿＿＿＿＿＿

xìng míng
姓名＿＿＿＿＿＿

zhǐ dǎo jiào shī
指导教师＿＿＿＿＿＿

Class＿＿＿＿＿＿　Name＿＿＿＿＿＿　Instructor＿＿＿＿＿＿

kǎo hé 考核 xiàng mù 项目 Items		kǎo hé nèi róng 考核内容 Content	pèi fēn 配分/ fēn 分 Total	kǎo hé biāo zhǔn 考核标准 Assessment Criteria	dé fēn/ 分 Score
jì néng 技能 kǎo hé 考核 Skill Assessment	zhǔn bèi 准备 Preparation	qīng diǎn gōng jù、liáng jù，清点工具、量具，qīng lǐ gōng wèi 清理工位 Inventory of tools and measuring instruments；Clean up workspace	1	wèi zuò bù dé fēn 未做不得分 Not done：0 points	
		qīng jié shè bèi wài guān 清洁设备外观 Clean equipment exterior	1	wèi zuò bù dé fēn 未做不得分 Not done：0 points	
		jiǎn chá diàn yuán kāi guān 检查电源开关 Check power switch	1	wèi zuò bù dé fēn 未做不得分 Not done：0 points	
		ān zhuāng gè zhǒng fáng hù tào 安装各种防护套 Install protective covers	2	wèi zuò bù dé fēn 未做不得分 Not done：0 points	

kǎo hé 考核 xiàng mù 项目 Items	kǎo hé nèi róng 考核内容 Content		pèi fēn 配分/ fēn 分 Total	kǎo hé biāo zhǔn 考核标准 Assessment Criteria	dé fēn/ 得分/ 分 Score
jì néng 技能 kǎo hé 考核 Skill Asse- ssment	zhǔn bèi 准备 Preparation	fā dòng jī jī cāng yù jiǎn 发动机机舱预检 Engine bay pre-inspection	5	cāo zuò bù zhèng què 操作不正确 kòu fēn 扣1~5分 Incorrect operation： deduct 1~5 points	
	jī xiè zhuǎn 机械转 xiàng xì tǒng 向系统 Manual steering systems	jiǎn chá yǔ tiáo zhěng dōng fēng huò 检查与调整东风货 chē qì chē zhuǎn xiàng pán zì yóu 车汽车转向盘自由 xíng chéng 行程 Inspect and adjust the steering wheel free play of a Dongfeng truck	30	cāo zuò bù zhèng què 操作不正确 kòu fēn 扣1~30分 Incorrect operation： deduct 1~30 points	

chū qín jì lǜ ān quán fáng hù huán bǎo zhī shi shuǐ píng xué xí néng lì kǎo
出勤/纪律、安全/防护/环保、知识水平、学习能力考

hé xiàng mù bù fen jiàn fù lù yī
核项目部分见附录一。

总结与反思见附录二。

Attendance / discipline , safety / protection / environment , knowledge level , and learning ability assessment items are detailed in the Appendix 1.

Summaries and Reflections are detailed in the Appendix 2.

[1] 罗智强，谢云峰.汽车底盘构造与维修[M].北京：机械工业出版社，2013.

[2] 黄成金，黄成松.汽车底盘技术基础与技能[M].重庆：重庆大学出版社，2021.

[1] Luo Zhiqiang, Xie Yunfeng. Construction and Maintenance of Automotive Chassis [M]. Beijing：China Machine Press, 2013.

[2] Huang Chengjin, Huang Chengsong. Fundamentals and Skills of Automotive Chassis Technology [M]. Chongqing：Chongqing University Press, 2021.

fù lù yī
附录一 Appendix 1

píng jià yǔ fǎn kuì biǎo
评价与反馈表

Evaluation and Feedback Form

bān jí 班级＿＿＿＿＿　xìng míng 姓名＿＿＿＿＿　zhǐ dǎo jiào shī 指导教师＿＿＿＿＿

Class＿＿＿＿＿　Name＿＿＿＿＿　Instructor＿＿＿＿＿

xù hào 序号 No.	kǎo hé xiàng mù 考核项目 Items	kǎo hé nèi róng 考核内容 Content	pèi fēn 配分/fēn 分 Total	kǎo hé biāo zhǔn 考核标准 Assessment Criteria	dé fēn 得分/fēn 分 Score
1	chū qín jì lǜ 出勤/纪律 Attendance/discipline	chū qín 出勤 Attendance	2	wéi guī yī cì bù dé fēn 违规一次不得分 No points if violated once	
		xíng wéi guī fàn 行为规范 Conduct	3	wéi guī yī cì bù dé fēn 违规一次不得分 No points if violated once	
2	ān quán fáng hù huán bǎo 安全/防护/环保 Safety/Protection/Environment	zhuó zhuāng 着装 Attire	4	wéi guī yī cì bù dé fēn 违规一次不得分 No points if violated once	
		gè rén fáng hù 个人防护 Personal Protection	4	wéi guī yī cì bù dé fēn 违规一次不得分 No points if violated once	

（续表）

xù hào 序号 No.	kǎo hé 考核 xiàng mù 项目 Items	kǎo hé nèi róng 考核内容 Content	pèi fēn 配分/ fēn 分 Total	kǎo hé biāo zhǔn 考核标准 Assessment Criteria	dé fēn 得分/ fēn 分 Score
2	ān quán 安全/ fáng hù 防护/ huán bǎo 环保 Safety/ Protection/ Environ- ment	5S/EHS	4	wéi guī yī cì bù dé fēn 违规一次不得分 No points if violated once	
		shè bèi shǐ yòng ān quán 设备使用安全 Equipment Safety	4	wéi guī yī cì bù dé fēn 违规一次不得分 No points if violated once	
		cāo zuò ān quán 操作安全 Operational Safety	4	wéi guī yī cì bù dé fēn 违规一次不得分 No points if violated once	
3	zhī shi 知识 shuǐ píng 水平 Knowledge Level	zhī shi cè shì chéng jì 知识测试成绩 Knowledge Test Score	20	àn cè yàn chéng jì de 按测验成绩的 jì 20%计 20% of test score	
4	xué xí 学习 néng lì 能力 Learning Ability	gōng dān tián xiě　gōng yì 工单填写，工艺 jì huà zhì dìng 计划制订 Work order completion, process planning	9	wèi zuò bù dé fēn 未做不得分 Not done： 0 points	

（续表）

序号 No.	考核 项目 Items	考核内容 Content	配分/ 分 Total	考核标准 Assessment Criteria	得分/ 分 Score
4	学习 能力 Learning Ability	组内活动情况 Participation in group activities	3	酌情扣1~3分 1~3 points deduction as appropriate	
		资料查询和收集 Information search and collection	3	未做不得分 Not done： 0 points	

zǒng jié yǔ fǎn sī
总结与反思

Summaries and Reflections

	yōu diǎn 优点 Strengths
xué shēng zì wǒ zǒng jié yǔ fǎn sī 学生自我总结与反思 Self-Assessment and Reflection of Students	cún zài wèn tí 存在问题 Challenges
	jiě jué fāng àn 解决方案 Solutions
jiào shī píng yǔ 教师评语 Instructor's Feedback	

xiàng mù shù yǔ biǎo
项目术语表
Project Glossary

zhōng wén 中文 Chinese	yīng wén 英文 English
dòng pán 动盘	driven plate
yā pán 压盘	pressure plate
yā jǐn jī gòu 压紧机构	pressure mechanism
yā jǐn tán huáng 压紧弹簧	pressure spring
yā suō kōng qì 压缩空气	compressed air
yā kuài 压块	pressure block
zì yóu xíng chéng 自由行程	free play
zì yóu jiàn xì 自由间隙	free clearance
zì yóu zhuàng tài 自由状态	free state
xíng wéi guī fàn 行为规范	code of conduct
fēn lí bù chè dǐ 分离不彻底	incomplete separation
fēn lí zhóu chéng 分离轴承	release bearing

（续表）

中文Chinese	英文English
fēn lí jiàn xì 分离间隙	separation gap
fēn lí zhǐ 分离指	separation finger
fēn lí gàng gǎn 分离杠杆	release lever
fēn lí chā 分离叉	release yoke
fēn lí tào tǒng 分离套筒	release sleeve
lí hé qì 离合器	clutch
lí hé qì gài 离合器盖	clutch cover
lí hé qì tà bǎn 离合器踏板	clutch pedal
zhǔ dòng bù fen 主动部分	driving section
zhǔ jiǎn sù qì 主减速器	final drive
zhǔ biān 主编	chief editor
cóng dòng pán 从动盘	driven plate
cóng dòng bù fen 从动部分	driven section
cóng dòng mó cā piàn 从动摩擦片	driven friction disc
jǐn gù luó shuān 紧固螺栓	fastening bolt
cāo zòng jī gòu 操纵机构	clutch activation mechanism
dān piàn shì 单片式	single-plate

（续表）

zhōng wén 中文 Chinese	yīng wén 英文 English
shuāng piàn shì 双片式	twin-plate
duō piàn shì 多片式	multi-plate
mó piàn tán huáng 膜片弹簧	diaphragm spring
mó piàn tán huáng shì lí hé qì 膜片弹簧式离合器	diaphragm spring clutch
tán huáng 弹簧	spring
tán huáng jiā 弹簧夹	spring clip
luó xuán tán huáng 螺旋弹簧	coil spring
luó xuán tán huáng shì lí hé qì 螺旋弹簧式离合器	spring-loaded clutch
zhóu chéng 轴承	bearing
chuán dòng piàn 传动片	driving strap
zhī chēng huán 支撑环	support ring
huán xíng cáo 环形槽	annular groove
zǒng chéng 总成	assembly
fù wèi tán huáng 复位弹簧	return spring
gōng zuò xíng chéng 工作行程	working travel range
gōng zuò yuán lǐ 工作原理	working principle
niǔ zhuǎn jiǎn zhèn qì 扭转减振器	torsion damper

（续表）

zhōng wén 中文Chinese	yīng wén 英文English
zhuǎn xiàng pán 转向盘	steering wheel
zhuǎn xiàng cāo zòng jī gòu 转向操纵机构	steering control mechanism
zhuǎn xiàng qì 转向器	steering gear
zhuǎn xiàng qì ké tī 转向器壳体	steering gear housing
zhuǎn xiàng zhóu 转向轴	steering shaft
zhuǎn xiàng qiáo 转向桥	steering axle
zhuǎn xiàng xì tǒng 转向系统	steering system
zhuǎn xiàng chǐ lún zhóu 转向齿轮轴	steering pinion shaft
zhuǎn xiàng chǐ tiáo 转向齿条	steering rack
zhuǎn xiàng jié 转向节	steering knuckle
zhuǎn xiàng jié bì 转向节臂	steering knuckle arm
zhuǎn xiàng héng lā gǎn 转向横拉杆	steering tie rod
zhuǎn xiàng zhù guǎn 转向柱管	steering column
tī xíng bì 梯形臂	steering arm
zhuǎn xiàng yáo bì 转向摇臂	Pitman' arm
zhuǎn xiàng zhí lā gǎn 转向直拉杆	steering drag link
zhuǎn xiàng tī xíng 转向梯形	steering trapezoid

（续表）

zhōng wén 中文Chinese	yīng wén 英文English
jiǎn sù chuán dòng 减速传动	underdrive
zhǐ dǎo jiào shī 指导教师	Instructor
gàng gǎn 杠杆	lever
mó cā piàn 摩擦片	friction disc
tà bǎn 踏板	pedal
fēi lún 飞轮	flywheel
lún quān 轮圈	rim
lún tāi 轮胎	tire
lún wǎng 轮辋	rim
lún fú 轮辐	spoke
lún gǔ 轮毂	hub
biàn sù qì 变速器	transmission
biàn sù qì zhóu 变速器轴	transmission shaft
biàn sù qì shū rù zhóu 变速器输入轴	transmission input shaft
biàn sù qì ké 变速器壳	transmission case
zhōng jiān yā pán 中间压盘	center plate
zhōng jiān chǐ lún 中间齿轮	intermediate gear

（续表）

中文 Chinese	英文 English
tiáo zhěng luó sāi 调整螺塞	adjusting plug
tiáo zhěng luó mǔ 调整螺母	adjusting nut
tiáo zhěnghuán 调整环	adjusting ring
lā gǎn 拉杆	pull rod
zhì dòng pán 制动盘	brake disc
zhì dòng tà bǎn 制动踏板	brake pedal
zhì dòng xì tǒng 制动系统	braking system
zhì dòng kuài 制动块	slipper
zhì dòng qián 制动钳	brake caliper
jiā sù tà bǎn 加速踏板	accelerator pedal
huó sāi 活塞	piston
chū yóu kǒng 出油孔	outlet port
jìn yóu kǒng 进油孔	oil inlet
jìn qì fá 进气阀	intake valve
bǔ cháng 补偿	compensation
pí wǎn 皮碗	leather cup
diàn piàn 垫片	gasket

（续表）

zhōng wén 中文 Chinese	yīng wén 英文 English
mì fēng quān 密封圈	seal ring
fàng qì luó sāi 放气螺塞	bleeder screw
fàng qì luó dīng 放气螺钉	venting screw
fàng qì kǒng 放气孔	bleeder hole
ké tǐ 壳体	shell
dǎng quān 挡圈	retaining ring
pái qì fá 排气阀	exhaust valve
wéi xiū shǒu cè 维修手册	repair manual
kǎo hé biāo zhǔn 考核标准	assessment criteria
yǒu jí shì biàn sù qì 有级式变速器	geared transmission
wú jí shì biàn sù qì 无级式变速器	continuously variable transmission
wú jí shì biàn sù qì 无级式变速器	CVT
zōng hé shì biàn sù qì 综合式变速器	hybrid transmission
qì chē dǐ pán 汽车底盘	automobile chassis
fù zhǔ biān 副主编	Associate Editor
qū dòng qiáo 驱动桥	drive axle
qū dòng qiáo ké 驱动桥壳	drive axle housing

（续表）

zhōng wén 中文 Chinese	yīng wén 英文 English
qiáo ké 桥壳	axle housing
xuán jià 悬架	suspension
xiàng xīn qiú zhóu chéng 向心球轴承	angular contact ball bearing
rèn wu 任务	task
jiǎn xiū 检修	overhaul
jiǎn chá 检查	inspection
chā sù qì 差速器	differential
bàn zhóu 半轴	axle shaft
bàn zhóu tào guǎn 半轴套管	axle shaft housing
wàn xiàng jié 万向节	universal joint
cí lì biǎo zuò 磁力表座	magnetic base
bǎi fēn biǎo 百分表	dial indicator
gāng bǎn tán huáng 钢板弹簧	leaf springs
xiàng mù 项目	item
fáng chén tào 防尘套	dust cover
fáng chén zhào 防尘罩	dust shield
qiú tóu zuò 球头座	ball seat

（续表）

中文 Chinese	英文 English
suǒ jǐn luó mǔ 锁紧螺母	lock nut
gǔn zhēn zhóu chéng 滚针轴承	needle roller bearing
yù jǐn lì 预紧力	preload
nèi huā jiàn 内花键	internal spline
chèn tào 衬套	bushing
yáo bì zhóu 摇臂轴	rocker arm shaft
wō gǎn qū bǐng zhǐ xiāo shì zhuǎn xiàng qì 蜗杆曲柄指销式转向器	worm and sector-type steering gear
xún huán qiú shì zhuǎn xiàng qì 循环球式转向器	recirculating ball-type steering gear
luó xuán cè wēi qì 螺旋测微器	micrometer screw
zēng sù chuán dòng 增速传动	overdrive